일상을 바꾸면
인생이 바뀐다

일상을 바꾸면 인생이 바뀐다
초긍정 마인드셋 실전편

초 판 1쇄 2024년 10월 29일

지은이 김영우
펴낸이 류종렬

펴낸곳 미다스북스
본부장 임종익
편집장 이다경, 김가영
디자인 임인영, 윤가희
책임진행 안채원, 이예나, 김요섭, 김은진, 장민주

등록 2001년 3월 21일 제2001-000040호
주소 서울시 마포구 양화로 133 서교타워 711호
전화 02) 322-7802~3
팩스 02) 6007-1845
블로그 http://blog.naver.com/midasbooks
전자주소 midasbooks@hanmail.net
페이스북 https://www.facebook.com/midasbooks425
인스타그램 https://www.instagram.com/midasbooks

© 김영우, 미다스북스 2024, *Printed in Korea.*

ISBN 979-11-6910-885-0 03190

값 18,500원

초 긍 정 마 인 드 셋 실 전 편

일상을 바꾸면
인생이 바뀐다

김영우 지음

CHANGE YOUR LIFE

미다스북스

《 제5장 》
관계, 함께하는 삶의 가치

변화는 누구나 원하지만, 그 변화를 실제로 이루는 것은 생각보다 쉽지 않습니다. 하루를 더 행복하게 보내고, 일에서 더 많은 성취를 이루고, 인간관계를 더 풍요롭게 만들고 싶어도 많은 경우 결심만으로 끝나 버립니다. 왜 그럴까요? 마음은 바뀌었지만 그 변화를 일상 속에서 어떻게 실천해야 할지 몰라서 결국 다시 원래대로 돌아가기 때문입니다.

첫 번째 책인 『초긍정 마인드셋』에서는 긍정적인 사고방식의 중요성을 강조했습니다. 하지만 긍정적인 마인드를 갖는 것만으로는 충분하지 않다는 것을 알게 되었습니다. 그래서 이번 책에서는 그 마인드셋을 실제 일상 속에서 어떻게 실행하고, 실천하면서 무엇을 깨닫고 느꼈는지를 제 경험을 통해 나누고자 합니다. 삶의 전반적인 변화를 위해서는 단 한 가지 변화만으로는 부족합니다. 마음, 균형, 성장, 행복, 관계라는 다섯 가지 영역에서 균형을 이루며 성장해 나가는 과정이 중요합니다. 이 책에서는 긍정적인 마인드를 유지하며 일상 속에서 어떻게 변화하고, 그 과정에서 어떤 깨달음을 얻었는지를 담고 있습니다.

우선 마음은 우리가 일상에서 가장 먼저 다스려야 할 중요한 부분입니다. 아무리 작은 일이더라도, 마음을 잘 다스리지 못하면 그것이 곧바로 스트레스로 이어져, 결국 우리의 전체적인 삶에 부정적인 영향을 미치게 됩니다. 그렇기에 마음을 긍정적으로 유지하는 습관을 기르는 것은 필수적입니다. 이 장에서는 그 긍정적인 마음가짐이 우리의 하루를 어떻게 변화시키고, 더 나아가 삶을 어떻게 더 나은 방향으로 이끌 수 있는지 알아보려고 합니다.

다음으로 균형입니다. 현대인들이 가장 어려워하는 것 중 하나는 일과 삶, 가정과 개인 시간을 조화롭게 유지하는 일입니다. 삶의 균형을 잃으면 쉽게 지치고 무너질 수 있습니다. 이 장에서는 일상 속에서 마음을 긍정적으로 유지하며, 삶의 균형을 찾아가는 과정을 경험을 바탕으로 이야기하고자 합니다. 그 과정에서 실행하며 느끼고 배운 것들을 함께 나누고 싶습니다.

성장은 우리가 원하는 것 이상으로 중요한 주제입니다. 우리는 끊임없이 더 나아지길 원합니다. 하지만 성장은 단순히 성과를 내는 것만으로 이루어지지 않습니다. 성장은 실패와 도전, 그리고 반복적인 실천에서 이루어집니다. 초긍정 마인드셋은 이러한 과정을 견디게 하고, 그 속에서 배움을 얻으며 앞으로 나아가게 합니다. 작은 도전들이 쌓여 큰 성장을 이룰 수 있음을 함께 알아가고자 합니다.

그렇다면 행복은 어디에서 올까요? 많은 사람들은 큰 성공이나 눈에 보이는 성취에서 행복을 찾으려 합니다. 하지만 진정한 행복은 일상 속 작은 기쁨에서 옵니다. 작은 순간들을 소중히 여기고, 그 안에서 행복을 발견하는 법을 배운다면, 우리는 더 풍요로운 삶을 살 수 있습니다. 이 장에서는 그런 작은 행복을 찾는 법을 제시합니다.

마지막으로 관계입니다. 우리는 혼자 살아갈 수 없는 존재입니다. 사람들과의 관계에서 긍정적인 상호작용은 우리의 삶을 풍성하게 만듭니다. 긍정적인 마인드셋을 통해 어떻게 더 나은 관계를 맺을 수 있는지, 그리고 그 관계 속에서 어떻게 성장하고 더 행복해질 수 있는지 이야기합니다.

마음, 균형, 성장, 행복, 관계 이 다섯 가지 키워드는 삶의 모든 부분을 아우릅니다. 이 책에서는 이 다섯 가지 영역에서 어떻게 초긍정 마인드셋을 실천할 수 있는지, 그로 인해 삶에 어떤 변화가 생길 수 있는지를 구체적으로 다룹니다. 이 다섯 가지 중 어느 하나만 변화한다고 해서 지속적인 변화를 이루기는 어렵습니다. 삶의 전반적인 부분에서 긍정적인 사고와 행동을 적용할 때, 진정한 변화가 일어납니다.

이 책은 초긍정 마인드셋을 바탕으로 긍정적인 사고를 실제 행동으로 실천하는 방법을 담고 있습니다. 바쁜 일상 속에서 마음을 다스리고 삶의 균형을 유지하며 성장하고 작은 행복을 발견하며 긍정적인 관계를 이어가는 경험들을 정리했습니다.

바쁜 일상 속에서 우리는 삶의 균형을 잃고 진정한 행복을 쉽게 놓치곤 합니다. 이 책이 그런 순간에 새로운 시각을 제시하고, 실질적인 도움이 되길 기대합니다.

제가 바라는 것은 여러분이 삶 속에서 긍정적인 변화를 경험하고 마음과 삶의 균형을 찾아 진정한 행복을 누리는 것입니다. 이 책에 담긴 내용이 단순한 글을 넘어 실제로 여러분의 삶에 변화를 가져오는 계기가 되길 소망합니다. 각 장에서 제시된 방법들을 필요에 따라 스스로 보완하거나 수정하며 자신만의 방식으로 디자인할 수 있을 것입니다. 일상 속 작은 변화를 일으키고 그 변화가 더 큰 만족과 행복으로 이어지길 진심으로 바랍니다.

2024년 9월

김영우

《 제1장 》

마음,
따뜻한 습관의 힘

마음의 양치질

> 하루를 마무리하며 마음을 돌아보는 시간을 가져 보자. 오늘 당신의 마음을 어지럽혔던 감정은 무엇인가? 그 감정을 들여다보고 어떻게 정리할 수 있을지 고민해 보자.

하루 세 번 양치질하듯이 마음도 매일 정리해 줘야 한다는 사실을 어느 순간부터 깨닫기 시작했다. 눈에 보이지 않는다고 마음을 방치하면 그곳에 쌓인 먼지가 언젠가는 상처로 남을 수 있다는 걸 알게 되었다. 그래서 요즘 나는 잠들기 전 3분 정도 오늘 내 마음에 어떤 일이 있었는지, 내가 무슨 생각을 했는지를 되돌아보는 시간을 갖는다. 마치 양치질로 입안을 깨끗하게 정리하듯, 하루를 마무리하며 마음의 복잡함을 정리하는 것이다. 그렇게 하면 머릿속이 맑아지고 마음이 한결 가벼워진다. 그리고 다음 날 새로운 마음으로 하루를 시작할 준비가 된다.

마음을 정리하는 것은 그저 멍하니 시간을 보내는 것이 아니다. 지금 내 마음이 어디에 가 있는지, 어떤 감정이 내 속을 채우고 있는지를 알아차리는 시간이다. 매일 바쁘게 살아가다 보면 여러 가지 생각과 감정에 휩싸여서 정작 내 마음이 어디로 향하고 있는지 놓칠 때가 많다. 직장에서 겪는 스트레스, 인간관계 속에서의 어려움, 예상치 못한 문제들. 이런 것들은 모두 마음속에 쌓여 나를 힘들게 만든다. 이 시간을 통해 그 감정들을 들여다보고 스스로 진정시킬 수 있는 시간을 가지려고 노력한다. 그러면 어느 순간 마음속이 조금씩 잔잔해지고 마음의 여유가 생긴다.

가족과 함께하는 시간

어제 잠들기 전, 우리 가족은 침대에 나란히 누워 하루 동안 있었던 일들을 이야기했다. 아들은 어린이집에서 친구들과 있었던 일을 말하며 자신이 끝까지 포기하지 않고 과제를 완수해 선생님께 칭찬받은 이야기를 들려주었다. 하지만 친구들은 끝까지 함께하지 않아 혼자 하는 것이 외로웠다고 속상한 마음도 털어놓았다. 친구들은 선생님의 말을 듣지 않고 행동했지만, 아들은 끝까지 해야 할 일을 마친 것이다. 그 모습을 상상하니 대견하기도 하고 친구들과 함께하지 못해 속상했을 아들의 마음을 생각하니 짠한 마음이 들었다. 어린 나이에 그런 복잡한 감정을 느끼고 있다는 사실이 놀랍기도 했다.

그 이야기를 듣고 나도 회사에서 겪었던 일을 떠올리며 아들에게 말했다. "아빠도 회사에서 항상 올바른 선택을 하는 게 쉽지 않더라. 가끔은 가기 싫은 술자리에 가야 할 때도 있고, 실적 때문에 거짓말을 해야 할 것 같

일상을 바꾸면 인생이 바뀐다

은 때도 있어. 그럴 때마다 흔들리기도 하지만, 결국에는 옳은 선택을 하려고 노력해. 때로는 그 길이 외롭고 힘들 때도 있지만, 아빠는 올바른 길을 가는 게 더 중요하다고 생각해. 너도 네가 옳다고 믿는 길을 가렴. 쉽지는 않겠지만, 아빠랑 엄마가 항상 네 곁에 있을 거고, 하나님도 널 지켜 주실 거야."

세상에서 자신이 옳다고 생각하는 일을 선택하고 그 길을 가는 것은 쉽지 않고 외로운 일이라는 것을 알려 주고 싶었다. 누구나 이런 감정을 느끼기 마련이고 그런 감정과 경험을 통해 조금씩 성장한다는 것을 아들이 배울 수 있기를 바랐다.

그 순간, 아들은 감사 기도를 하기 시작했다. 스스로 무언가 깨달은 듯한 모습에 나는 또 한 번 감동했다. 물론 자식에게 물질적인 풍요를 물려주는 것도 좋겠지만, 그것보다 더 중요한 것은 스스로 생각하고 행동하는 힘을 키워 주는 것이다. 그 마음의 근육이 잘 자라도록 곁에서 지지하고 힘을 키워 주고 싶다는 생각이 들었다. 이 경험을 통해 얻은 배움이 아들이 앞으로 살아가는 데 있어 든든한 버팀목이 될 것이다. 이 작은 순간들이 쌓여, 아들이 잘 성장하고 내면이 강해지기를 바란다.

나를 단단하게 하는 힘

얼마 전, 몇 달 동안 준비했던 프로젝트를 놓쳤다는 소식에 낙심하며 퇴근하던 중이었다. 차창 밖으로 쏟아지는 빗줄기를 보며 마음이 울적했다. 아무 생각도 하기 싫었던 그 순간, 차창에 부딪히는 빗소리와 와이퍼가 움직이는 모습에 나도 모르게 집중하게 되었다. 그 소리를 듣다 보니 복잡했던 마음이 조금씩 가라앉는 것을 느꼈다.

빗소리에 집중하며 잠시 숨을 고르는 동안, 그동안 내가 프로젝트를 위해 열심히 해 온 일들이 떠올랐다. '다음번엔 더 잘할 수 있을 거야.'라는 생각이 들면서, 고생했던 나를 위로하는 마음이 생겼다. 그러자 조금씩 힘이 나는 기분이 들었다. 자연스럽게 앞으로 할 수 있는 일들이 떠오르기 시작했고 우울했던 마음도 서서히 누그러졌다. 그 순간 깨달았다. 마음을 위로하는 건 거창한 일이 아니라, 잠시 복잡한 생각을 멈추고 스스로에게 '괜찮아, 충분히 잘했어.'라고 따뜻한 말을 건네는 것이란 걸.

우리가 매일 음식을 먹고 양치질로 치아를 관리하듯, 마음도 매일 돌봐야 한다. 하루에 짧은 시간이더라도 마음을 정리하고 돌보는 습관을 들이는 것이 중요하다. 마음을 돌보는 것은 몸의 코어 근육을 단련하는 것과 같다. 꾸준히 가꾼 마음은 삶의 중심을 잡아 주고 어려움 속에서도 흔들리지 않고 나아갈 수 있는 힘이 되어 준다.

오늘부터 잠들기 전 3분이라도 마음을 돌보는 시간을 가져 보자. 매일 조금씩 실천하다 보면 어느새 마음이 단단해지고 지금보다 더 평온한 삶을 누릴 수 있을 것이다.

오늘 하루 잘 살았나요?

일상을 바꾸는 초긍정 마인드셋

오늘 하루 동안 감사했던 일들을 떠올려 보자. 작은 순간에도 감사함을 느끼면 긍정적인 에너지를 얻을 수 있다.

월요일 아침, 눈을 뜨자마자 업무 생각이 머릿속을 가득 채운다. 영업직인 나에게 월요일은 늘 긴장되는 날이다. 일요일 저녁부터 이미 다음 날의 업무와 미팅에서 해야 할 일들이 머릿속을 떠나지 않기 때문이다. 사무실에 도착하면 팀원들도 비슷한 표정을 하고 있다. 웃으며 인사하지만, 그 속에는 부담감이 느껴진다. 업계 상황이 어려워서인지 모두 지쳐 보인다.

오늘 아침 회의에서는 동료들 사이에 언성이 높아지는 일이 있었다. 평소엔 잘 지내던 사이였는데, 작은 문제로 감정이 격해지는 모습을 보니 마음이 불편했다. '혹시 나도 누군가에게 이렇게 감정적으로 대하지 않았을까?'라는 생각이 스쳤다. 동료들에게 항상 감사하려고 노력하지만, 업무를 하다 보면 작은 문제로 마음이 상하는 일이 생기곤 한다. 이런 상황에서는 내가 원하지 않는 감정에 휘말리기 쉽고 그로 인해 마음을 다잡기가 어렵다는 것을 느낀다. 업무의 스트레스 속에서 감사의 마음을 잃지 않으려는 노력이 필요하다는 것을 다시 한번 깨닫게 된다.

　퇴근 후 오늘 하루를 돌아보니, 열심히 살았음에도 정작 중요한 순간에 집중하지 못한 내 모습이 떠올랐다. 일할 때는 다른 생각에 빠져 일을 제대로 하지 못했고 퇴근길에 운전하는 중에도 스마트폰에 자꾸 손이 갔다. 집에 돌아와 아이와 놀면서도 마음은 딴 데 가 있었다. 저녁 식사 자리에서도 가족들의 이야기에 온전히 집중하지 못하고 계속 일 생각만 하던 내가 떠올라 씁쓸한 기분이 들었다. 중요한 순간들을 놓치고 있다는 생각에 마음이 무거워졌다.

　하지만 모든 순간에 완벽할 수 없다는 생각이 들었다. 삶은 매일매일 완벽한 선택이나 행동으로 이루어지지 않는다. 때로는 집중하지 못할 때도 있고 중요한 순간을 놓칠 때도 있다. 그럴 때마다 자책하기보다는, 그 실수들을 통해 조금씩 나아갈 기회로 삼아야 한다. 중요한 것은 어제보다 나아지기 위한 노력이다.

　삶은 도자기를 빚는 과정과도 같다. 한 번에 완벽한 그릇을 만들 수는 없다. 실수하고 조금씩 수정하면서 부족한 부분을 채워 나가야 나만의 그릇을 완성할 수 있다. 시간이 걸리더라도 그 과정을 통해 나만의 그릇이 만들어진다. 완벽을 추구하기보다는 매일 조금씩 나아가는 내가 되면 그것으로 충분하다.

후회는 잠시 접어두고 지금 이 순간에 집중하자. 잘하든 못하든 중요한 건 꾸준히 노력하고 해야 할 일을 미루지 않는 것이다. 스마트폰은 잠시 내려놓고 지금 눈앞에 있는 일에 집중하자. 퇴근 후에는 회사 일을 내려놓고 가족과 함께하는 시간을 더 소중히 여겨야 한다. 매 순간 충실하게 살아가는 것이 바로 내가 원하는 삶이다.

많은 성공한 사람들도 이처럼 현재에 집중하는 법을 배워 왔다. 스티브 잡스는 매일 아침 거울을 보며 "오늘이 내 인생의 마지막 날이라면, 지금 하려는 일을 할 것인가?"라는 질문을 스스로에게 던졌다고 한다. 이 질문을 통해 그는 매 순간에 충실하고 진정으로 중요한 일에만 에너지를 쏟는 법을 익혔다. 그의 방식은 우리에게 지금 이 순간에 집중하는 것이 얼마나 중요한지를 일깨워 준다.

어디선가 "오늘의 노력이 내일의 나를 만든다."라는 구절을 본 적이 있다. 이 말처럼, 우리가 하루하루를 살아가는 방식이 결국 우리의 인생 전체를 만들어 간다. 오늘 얼마나 최선을 다하느냐에 따라 내일이 달라질 수 있다. 그래서 지금 이 순간에 최선을 다하는 것이 정말 중요하다.

우리가 당연하게 여기는 이 순간이 다른 누군가에게는 간절히 바라던 기회일 수 있다는 것을 잊지 말자. 지금 내가 가진 이 기회가 얼마나 소중한지 깨닫고 감사하는 마음을 가지면 그 마음이 내일을 더 나은 방향으로 이끌어 줄 것이다. 매일 조금씩 최선을 다하는 자세가 결국 우리 삶을 풍요롭게 만들고 소중한 기회를 더 많이 가져다줄 것이다.

오늘 하루 동안 감사했던 일들을 떠올려보자. 가족과 함께한 시간, 동료와 나눈 대화, 그리고 자신에게 주어진 기회들에 감사할 때 우리는 긍정적인 에너지를 얻게 되고 더 나은 내일을 맞이할 준비를 할 수 있다.

매 순간에 집중하며 더 나은 내일을 만들어 가자. 오늘 우리가 할 수 있는 최선을 다한다면 내일은 오늘보다 더 나은 하루가 될 것이다.

일상을 바꾸면 인생이 바뀐다

당신의 컵에는 어떤 물이 담겨 있나요?

일상을 바꾸는 초긍정 마인드셋

우리의 하루는 작은 선택들로 채워진다. 오늘 긍정의 물을 채울 것인가, 아니면 부정의 물을 채울 것인가? 그 작은 선택들이 내일의 당신을 만든다.

금요일 저녁, 일과를 마치고 저녁을 먹었지만, 뭔가 더 먹고 싶은 기분이 가시지 않았다. 냉장고를 열어 살이 덜 찔 것 같은 음식들을 이것저것 집어 먹어 봐도 여전히 허전한 느낌이 계속됐다. 분명 배는 부른데 왜 자꾸 뭔가가 당길까? 결국 10시가 넘어서 엽기 떡볶이를 시키고 말았다. 얼마 전 아내의 생일에도 이 떡볶이를 먹었는데, 또다시 주문한 걸 보면 그 맛이 얼마나 중독적인지 알 수 있을 것이다. 이번에는 어묵도 추가했다. 아이를 재우고 오랜만에 TV를 보며 먹는 그 떡볶이는 정말 최고였다. 지금 생각해도 군침이 돈다.

떡볶이를 다 먹고 나니 배는 부른데, 마음 한편으론 '괜히 먹었나?'라는 생각이 들었다. 야식을 먹는 건 기분 좋지만, 항상 뒤따라오는 죄책감은 피할 수 없다. 그럼에도 불구하고 탄수화물 덕분인지 금방 깊은 잠에 빠져들었다. 평소보다 더 깊이 잔 것 같았다.

다음 날 새벽, 늦은 시간까지 야식을 먹었는데도 생각보다 컨디션은 괜찮았다. 얼굴이 약간 부어 있는 걸 보고 '역시나' 싶었지만, 체중은 겨우 500g 정도만 늘었을 뿐이었다. 몸 상태도 나쁘지 않았고 새벽 운동을 시작할 때는 오히려 힘이 나는 것 같았다. 운동을 하면서 '오늘은 클린한 음식을 먹어야겠다.'는 생각이 자연스럽게 들었다. 어젯밤 자극적인 음식을 먹었는데도 몸에 큰 영향을 주지 않은 것 같아 안심이 되었다. 그래서 오늘은 더 신경 써서 균형 잡힌 식단을 유지해야겠다고 다짐했다.

며칠 전 회사에서 이런 일이 있었다. 이미 몇 번이나 자세히 설명하고 메일로도 보낸 프로젝트 관련 내용을 동료가 다시 물어보았다. 매주 미팅에서 공유했던 내용이었고 메일만 찾아봐도 쉽게 확인할 수 있는 것들이었는데, 반복적으로 물어보니 속으로 '왜 또 물어보지?'라는 답답한 마음이 들었다. 예전 같았으면 "몇 번을 말해야 알아듣는 거예요?"라며 짜증을 내거나 표정이 굳어졌을 텐데, 이번에는 이상하게 마음이 상하지 않았다. 오히려 '아, 이 사람이 꼼꼼하게 확인하고 싶어 하는구나.'라고 생각하며 차분하게 다시 설명해 줄 수 있었다.

일상을 바꾸면 인생이 바뀐다

예전 같았으면 야식을 먹고 후회한 나머지 더 폭식을 했을지도 모른다. 회사에서도 반복된 질문에 쉽게 짜증을 냈을 텐데, 이번에는 그러지 않았다. 오히려 긍정적인 태도를 유지할 수 있었다. "왜 이번에는 후회도, 짜증도 나지 않았을까?" 하고 스스로에게 물어보았다.

곰곰이 생각해 보니, 그동안 긍정적으로 살기 위해 노력해 온 습관들이 자연스럽게 내 일상에 자리 잡았다는 걸 깨달았다.

매일 새벽 기도로 하루를 시작하고 수영으로 몸과 마음을 깨우는 것이 내 일상이 되었다. 간헐적 단식과 균형 잡힌 식단으로 건강을 유지하려고 노력했고, 업무에서도 단순함을 추구하며 시간을 효율적으로 쓰고 있다. 틈틈이 글을 쓰고 사색를 통해 내면의 평정을 유지하는 것도 나의 일상 중 하나가 되었다.

이렇게 작고 사소한 부분에서부터 긍정적인 생각과 행동을 하나씩 쌓아 가려는 노력이 차곡차곡 내 삶에 스며들고 있었다. 마치 투명한 컵에 긍정의 물을 한 방울씩 떨어뜨리는 것처럼, 내 일상이 조금씩 긍정으로 가득 채워지고 있었다.

당신의 선택이 만든 삶

결국, 내가 매일 쌓아온 작은 습관들이 예상치 못한 상황에서도 나를 지켜 주고 있다는 걸 깨달았다. 긍정적인 태도로 가득 찬 나의 마음은 작은 부정적인 상황에도 쉽게 흔들리지 않았다. 부정적인 감정이 흙탕물처럼 몇 방울 튀어도 그로 인해 내 마음이 흐려지지는 않았다. 오히려 긍정이라는 맑은 물이 금세 다시 채워지면서 내 삶의 균형을 지켜 주고 있었다.

그런데 만약 내 컵이 부정적인 물로 가득 차 있었다면 어땠을까? 긍정적인 일이 몇 번 생긴다고 해도 그 부정적인 물이 가득한 컵은 쉽게 맑아지지 않았을 것이다. 설령 좋은 일이 생기더라도, 결국 내 컵은 다시 부정적인 색으로 금방 물들어 버리고 말았을 것이다.

이처럼 우리 각자의 컵에 어떤 물이 채워져 있는지가 정말 중요하다. 우리는 매일 그 컵에 무엇을 채우고 있는가? 긍정적인 물로 가득 찬 컵은 작은 부정적인 상황이 닥쳐도 금방 다시 맑아지고, 긍정적인 상태로 회복될 수 있다. 하지만 부정적인 물로 가득 찬 컵은 조금의 긍정만으로는 쉽게 바뀌지 않는다.

당신의 컵에는 어떤 물이 채워져 있는가? 그 물이 당신의 하루, 그리고 인생에 어떤 변화를 가져오고 있는지 잠시 생각해 보자. 매일 조금씩 긍정의 물로 당신의 컵을 채워 보는 것은 어떨까? 작은 변화가 쌓이면 큰 차이를 만들어 낸다. 결국, 당신의 인생은 매일 선택한 작은 습관들과 생각들이 모여 이루어지는 것이다.

사소한 것에 목숨 걸지 말자

일상을 바꾸는 초긍정 마인드셋

사소한 것에 집착하지 말고 더 큰 그림을 보며 여유를 가지자. 놓아 주는 것은 포기가 아닌 더 큰 자유로 나아가는 것이다.

삶은 예측할 수 없는 파도와 같다. 크고 작은 문제들이 끊임없이 우리를 흔들어놓는다. 때로는 사소한 일에 지나치게 매달려 시간과 에너지를 낭비하기도 한다. 쏟아진 커피 자국, 무심코 내뱉은 말 한마디, 계획에 어긋난 작은 변수들. 이런 사소한 것들이 우리의 마음을 어지럽히고 앞으로 나아가는 걸 방해할 때가 많다.

지난 주말, 나 역시 사소한 일에 집착하는 나 자신을 발견했다. 수영장에서 몇 년간 아무 문제 없이 착용했던 목걸이를 갑자기 빼라는 새로운 안전요원의 지시에 기분이 상했던 것이다. 다른 사람들은 액세서리를 하고도 수영하는데, 왜 나만 이렇게 엄격하게 대하는지 이해가 되지 않았다. 집에 돌아와서도 그 불쾌한 감정이 사라지지 않아 결국 수영장에 전화해 규정을 다시 확인하기까지 했다.

전화를 끊고 나니 허탈한 마음이 들었다. 주말 운동을 기분 좋게 마치면 그만이었을 텐데, 이렇게 사소한 일로 감정을 낭비했다는 사실이 부끄러웠다. 목걸이를 빼라는 지시는 아마 안전을 위한 조치였을 것이다. 왜 나에게만 그런 지시를 했는지 의문이 들기도 했지만, 내 목걸이가 유독 눈에 띄었거나 위험해 보였을 수도 있다는 생각이 들었다. 그렇게 스스로 마음을 진정시키며, 상황을 받아들이기로 했다.

수영장에서의 이 작은 사건은 나에게 중요한 깨달음을 주었다. '왜 이렇게 사소한 것에 집착하는 걸까?'라는 질문이 머릿속에 스쳤다. 타인의 말과 행동에 지나치게 의미를 부여하고 쉽게 넘길 수 있는 일에 집착하며 괴로워하고 있다는 것을 깨달았다. 이러한 집착은 내 일상 곳곳에 스며들어 있었다. 직장 동료의 말 속에서 숨은 의도를 찾으려 애쓰고 친구의 무심한 한마디에 상처받아 잠 못 이룬 적도 있었다. SNS에서 다른 사람들의 화려한 삶을 보며 박탈감을 느끼기도 했고 작은 실수나 실패에 좌절해 스스로를 자책한 기억도 떠올랐다.

마치 돋보기로 세상을 보는 것처럼 사소한 일들을 과장하고 부정적인 감정에 빠져드는 내 모습이 답답하게 느껴졌다. 끊임없이 타인과 나를 비교

일상을 바꾸면 인생이 바뀐다

하고 작은 일에 일희일비하며 감정을 소모하는 것은 건강한 삶이 아니다. 어쩌면 불안함과 두려움 때문에 집착하는지도 모른다. 완벽하지 않은 자신을 받아들이는 것이 두렵고 타인에게 인정받지 못할까 봐 전전긍긍하는 것이다. 하지만 이러한 집착은 나를 더 불행하게 만들 뿐이다.

사소한 것에 대한 집착은 불안과 스트레스를 불러온다. 삶은 소중하다. 사소한 것에 매달려 시간과 에너지를 낭비하기에는 나에게 주어진 시간이 아깝다. 긍정적인 마음으로 현재에 집중하고 진정으로 중요한 것들에 힘을 쏟을 때 더 의미 있는 삶을 살 수 있다.

긍정의 선택

사소한 일에 집착하지 않는 여유를 갖는 것은 우리가 행복하게 살아가는 데 꼭 필요한 자세라는 것을 다시 느끼게 되었다. 타인의 말이나 행동에 과민하게 반응하지 않고 작은 실수나 오해를 너그럽게 넘길 수 있는 법을 배워야 한다. 세상을 따뜻한 시선으로 바라보면 자신과 타인에게 더 많은 사랑을 나누는 삶을 살 수 있을 것이다.

하지만 인생의 파도는 끊임없이 밀려오고, 그럴 때마다 내 마음은 여전히 흔들린다. 작은 일에도 불필요한 감정에 휩쓸려 마음이 어지러울 때가 많다. 이성적으로는 상황을 이해하고 넘기는 게 맞다는 걸 알지만, 마음으로 받아들이고 실천하는 건 언제나 쉽지 않다. 그럼에도 불구하고, 이런 과정을 겪으며 나는 조금씩 더 단단해지고 있다. 어쩌면 이 흔들림과 고비 속에서 더 나은 사람이 되어가고 있는지도 모른다. 결국, 중요한 건 완벽해지려는 게 아니라, 그 어려움 속에서도 한 걸음씩 나아가는 자신을 발견하고 그 과정에서 나를 더 깊이 알아가는 것이 아닐까.

하루하루의 경험 속에서 감정을 관리하는 방법을 배우고 있다. 매일 작은 선택들이 모여 큰 변화를 만들어 낸다는 사실을 깨달았다. 사소한 문제에 너무 많은 에너지를 쏟지 않기 위해서는 내가 진정으로 원하는 것이 무엇인지, 그리고 그것을 위해 어떤 선택을 해야 하는지를 생각해 보아야 한다.

또한, 내 감정이 다른 사람에게 미칠 영향을 생각하는 게 중요하다. 감정은 쉽게 전해지기 때문에 긍정적인 감정을 전하려는 노력이 필요하다. 그렇게 하면 나도 긍정적인 기운을 유지할 수 있고, 주변 사람들에게도 좋은 영향을 줄 수 있다.

결국, 이러한 작은 변화들은 내 주변의 관계를 더욱 깊고 의미 있게 만들어 줄 것이다. 삶은 항상 예측할 수 없는 방향으로 흐르기 마련이지만, 그 흐름 속에서 긍정적인 태도를 유지하는 것은 나의 선택이다. 이 선택이 나를 성장시키고 더 나은 내일로 나아가는 발판이 될 것이다.

일상을 바꾸면 인생이 바뀐다

인생, 딱 두 개만 잘해도 괜찮아

일상을 바꾸는 초긍정 마인드셋

완벽하지 않아도 괜찮다. 오늘 중요한 두 가지에만 집중하고 나머지는 흘려보내자. 그게 진짜 행복에 가까워지는 길일지도 모른다.

하루를 마치고 돌아오는 길에, "오늘은 뭘 제대로 한 게 없네."라는 생각에 한숨을 쉰 적이 있지 않은가? 우리는 항상 완벽을 추구하고 모든 일에 최선을 다하려고 하지만 현실은 그렇지 않다. 그러나 너무 낙심할 필요는 없다. 어쩌면 인생에서 딱 두 가지만 잘해도 충분히 잘 살아가고 있는 것일지 모른다.

이탈리아의 경제학자 빌프레도 파레토가 발견한 '파레토 법칙'은 이러한 생각에 힘을 실어 준다. 파레토 법칙은 전체 결과의 80%가 전체 원인의 20%에서 발생한다는 법칙이다. 즉, 핵심적인 소수의 요인이 대부분의 결과를 만들어 낸다는 것이다. 이는 우리가 삶의 모든 영역에서 20%에 해당하는 핵심 요소에 집중하면 훨씬 효율적으로 목표를 달성하고 행복을 찾을 수 있다는 것을 의미한다.

회사를 움직이는 법칙

회사는 거대한 톱니바퀴와 같다. 수많은 직원들이 각자의 자리에서 톱니바퀴를 돌리며 회사라는 큰 기계를 움직인다. 하지만 모든 톱니바퀴가 동일한 역할을 하는 것은 아니다. 몇몇 핵심 톱니바퀴가 고장 나면 기계가 멈추듯, 회사에서도 소수의 핵심 인재가 전체 성과를 좌우한다. 이들은 단순히 능력이 뛰어난 사람들이 아니다. 회사의 목표와 비전을 명확히 이해하고 맡은 임무에 헌신하는 사람들이다. 실제로도 회사 매출의 80%는 상위 20%의 성과에서 나온다. 이들은 팀워크를 이끌어 내며 회사의 성장을 견인하는 원동력으로 작용한다.

영업 현장에서도 마찬가지이다. 10명의 잠재 고객을 만나 열정적으로 영업 활동을 펼치더라도 실제 계약으로 이어지는 고객은 2명 정도에 불과하다. 하지만 이 2명의 고객이 가져다주는 성과는 나머지 8명을 합친 것보다 훨씬 클 수 있다. 실제로 많은 기업들이 전체 매출의 80%를 20%의 핵심 고객에게 의존하고 있다는 사실이 이를 뒷받침한다. 성과가 뛰어난 영업 사원은 모든 고객을 만족시키려 하기보다는 중요한 고객을 선별해 그들의 니즈를 정확히 파악해 최고의 성과를 만든다.

야구에서 타율 3할은 대단한 기록이다. 10번 타석에 서서 3번 안타를 친다는 건 결코 쉬운 일이 아니다. 10번 중 7번은 실패하더라도, 중요한 순간에 한 번의 안타로 팀의 승리에 기여하는 것이 그들을 특별하게 만든다. 야구는 팀 스포츠이지만, 승패는 결국 몇몇 핵심 선수들의 활약에 의해 좌우된다. 에이스 투수의 결정적인 투구, 4번 타자의 한 방, 마무리 투수의 세이브처럼 말이다. 팀 승리의 80%가 이런 20%의 선수들에 의해 이루어진다는 사실은 파레토 법칙과 일맥상통한다.

이 법칙은 일상에서도 쉽게 찾아볼 수 있다. 예를 들어, 스마트폰에 수십 개의 앱을 깔아두지만 정작 자주 사용하는 앱은 몇 개 안 된다. 20%의 앱이 우리가 사용하는 시간의 80%를 차지한다는 것이다. 나머지 앱들은 가끔씩 열어 보거나 거의 사용되지 않은 채 방치된다. 이는 우리의 시간과 관심이 자연스럽게 가장 유용한 앱에 집중된다는 것을 보여 준다. 결국, 우리는 제한된 자원을 가장 필요한 부분에 투자하며 나머지는 상대적으로 덜 쓰게 되는 것이다.

야구의 핵심 선수들이 팀 승리의 결정적 역할을 하듯, 우리의 일상에서도 소수의 중요한 요소들이 큰 영향을 미친다. 시간을 어디에 쓰고, 어떤 도구를 활용하는지에 따라 성과가 크게 달라질 수 있다. 이는 업무, 생활, 그리고 개인 성장의 모든 영역에서 적용될 수 있는 통찰이다.

우리 삶도 마찬가지이다. 하루에 해야 할 일 10개 중 딱 2개만 제대로 해내도 꽤 괜찮은 하루를 보냈다고 할 수 있다. 모든 것을 완벽히 해내려고 애쓰는 대신, 자신만의 강점과 재능을 발견해 그것을 극대화하는 데 집중하는 것이 더 중요하다.

우리 삶에도 파레토의 법칙을 적용해 보는 건 어떨까? 80%의 실패에 좌절하기보다는 20%의 성공에 집중하며 가장 중요한 두 가지 일에 힘을 쏟는 것이다. 나머지 80%의 시간에는 여유를 즐기며 자신을 돌보는 시간을 갖는 삶. 어쩌면 이것이 우리가 찾던 행복에 이르는 더 현명한 길일지도 모른다.

완벽주의를 내려놓고, 삶의 자연스러운 흐름을 받아들이자. 딱 두 가지만 해도 충분하다는 마음으로 가장 중요한 일에 집중하는 것이다. 물론 모든 게 쉽진 않겠지만, 나는 운동을 일상의 루틴으로 삼고 매일 꾸준히 실천하려고 한다. 운동은 내가 하루 중 반드시 챙기는 작은 성공이다. 그 덕분에 나머지 시간에도 더 여유롭고 활기차게 보낼 수 있다.

자신에게 가장 중요한 두 가지를 선택하고 나머지는 흘려보내는 여유를 가져 보자.

쏜살같은 시간 속에 남기는 삶의 흔적

일상을 바꾸는 초긍정 마인드셋

시간은 빠르게 흘러가지만 그 속에 나만의 흔적을 남길 수 있는 순간이 있다. 오늘, 작은 일이라도 시작하자. 운동이든, 미뤄 둔 일이든 의미 있는 한 걸음을 내딛는 것이다.

시간은 화살처럼 빠르게 지나간다. 엊그제 봄꽃이 만발했던 것 같은데 어느새 뜨거운 여름 햇살이 내리쬐고 패션 매장에는 가을옷들이 진열되기 시작했다. 이렇게 눈 깜짝할 사이에 계절이 바뀌고 시간이 흘러가는 것을 보면 문득 이런 생각이 든다. '과연 나는 이 시간 속에서 무엇을 남길 수 있을까?'

시간이 빠르게 지나가는 것을 느낄 때마다 나는 의식적으로 몸을 움직인다. 운동을 하거나 청소를 하거나 작은 행동을 통해 지금 이 순간을 느끼며 삶의 활력을 되찾는다. 그리고 아들에게 따뜻한 마음을 전하려고 노력한다. 아들과 함께하는 시간이 오래도록 행복한 추억으로 남길 바라는 마음에서다. 또한 책을 읽고 글을 쓰며, 나 자신을 더 깊이 이해하고 나를 발견하는 시간을 소중히 여긴다. 이는 단순히 지식을 쌓는 것이 아니라, 내 삶을 더 의미 있게 만들어 가는 힘이 되어 준다.

당신은 어떤 삶의 흔적을 남기고 싶은가? 혹시 스트레스, 외로움, 힘겨움 때문에 하기 싫은 일을 미루고 있지는 않은가? 나도 그랬다. 하지만 하나 깨달았다. 삶의 어려움을 피하지 않고 정면으로 마주할 때 우리는 더 강해지고 성장한다는 것을.

하기 싫은 일도 피하지 않고 마주할 때 우리는 성장할 수 있다. 하기 싫거나 해야 하는 일을 외면하지 말자. 그것들을 해내고 극복하는 과정에서 삶의 의미를 발견하고 더 나아가 다른 삶을 꿈꿀 수 있는 용기를 얻는다. 작은 승리들이 모여 우리의 삶을 더욱 빛나게 한다.

그러니 오늘부터 작은 일이라도 실천해 보자. 하루 10분이라도 시간을 내어 운동을 해 보거나, 미루고 있던 일을 한 가지씩 해결해 나가는 것으로 시작할 수 있다. 중요한 것은 크기가 아니라 지속적인 실천이다. 작은 성취가 쌓일 때마다 우리는 강해지고 더 나은 내일을 향해 나아갈 힘을 얻게 된다.

당신이 해야 할 일이 무엇인지 잠시 돌아보자. 그 일을 시작하는 것만으로도 당신은 이미 성장하고 있는 것이다. 스트레스와 두려움에 주저하지 말고 하나씩 마주하며 앞으로 나아가자. 그러다 보면 어느새 더 나은 자신을 발견하게 될 것이고 그 여정이 당신의 인생을 더 빛나게 할 것이다.

오늘에 집중하라

시간은 누구에게나 똑같이 주어지지만, 그 시간을 어떻게 활용하느냐에 따라 삶의 질은 달라진다. 과거를 후회한다고 해서 그때의 실수를 되돌릴 수 없고 미래를 걱정한다고 해서 앞날을 예측할 수 있는 것도 아니다. 우리가 진짜로 컨트롤할 수 있는 것은 바로 오늘, 이 순간이다.

지금 이 순간에 집중하며 하루하루를 소중하게 보내는 것이 중요하다. 오늘 내가 어떤 선택을 하고 어떤 마음으로 하루를 살아가느냐가 결국 내일의 나를 만든다. 어제의 실수에 머무르지 말고 오늘의 기회를 붙잡아 더 나은 내일을 만들어 가는 것이 우리가 해야 할 일이다.

오늘 하루에 집중하자. 어쩌면 '지금'이야말로 우리가 진짜로 컨트롤할 수 있는 유일한 시간이다. 오늘 내가 어떤 마음으로 하루를 보내고, 어떤 선택을 하느냐가 바로 내일의 나를 만든다. 그러니 어제의 실수를 곱씹기 보다는 오늘의 나를 위해 할 수 있는 일에 집중하는 것. 그것이 우리가 해야 할 일이다.

나의 조건을 살아 내기

가끔 우리는 "내가 조금 더 좋은 환경에서 자랐다면?" 혹은 "내가 더 여유로운 삶을 살았다면 어땠을까?"라는 생각에 빠지곤 한다. 이런 생각은 처음에는 단순한 상상으로 시작되지만, 점차 불만과 원망으로 이어지기 쉽다. 내가 처한 상황만 유독 어렵고 남들은 모두 나보다 나은 환경에서 살아가는 것처럼 느껴질 때도 있다. 하지만 곰곰이 생각해 보면, 나만 특별히 힘든 상황에 놓여 있는 것도 아니다. 겉으로는 남들이 더 여유롭고 문제없이 사는 것처럼 보일지 모르지만, 사실 누구나 각자의 자리에서 자신만의 고민과 어려움을 안고 살아간다. 가정 내에서의 갈등, 직장에서의 스트레스, 재정적인 부담 등 각기 다른 문제들이 우리 삶에 무게를 더하고 있다. 결국, 우리 모두가 저마다의 조건과 상황 속에서 나름의 싸움을 하며 살아가고 있는 것이다.

중요한 것은 남들과 비교하는 게 아니라 내 조건 속에서 내가 할 수 있는 최선을 다하는 것이다. 지금 주어진 환경에서 의미를 찾고 그 안에서 나만의 삶을 만들어 가는 것이야말로 삶의 진정한 흔적을 남기는 길이다. 각자에게 주어진 조건 속에서 스스로 삶의 의미를 찾아가는 것이 우리가 남길 수 있는 가장 중요한 삶의 흔적일 것이다.

나의 당연함은 누군가의 간절함

일상을 바꾸는 초긍정 마인드셋

> 당연하게 여겼던 모든 것에 감사하자. 매일 아침 눈을 뜨는 것, 따뜻한 밥 한 끼, 사랑
> 하는 사람들과 보내는 시간이 얼마나 큰 축복인지 다시 한번 생각해 보자.

매일 아침 눈을 뜨면 익숙한 풍경들이 눈에 들어온다. 사랑하는 가족의 얼굴, 창밖으로 비치는 따뜻한 햇살, 그리고 습관처럼 마시는 커피 한 잔. 우리는 이런 평범한 일상을 당연하게 여길 때가 많다. 하지만 이 순간들이 누군가에게는 간절한 바람일 수 있다. 그런 생각을 하면 익숙했던 것들이 더 소중하게 느껴질 것이다. 당연하다고 생각했던 일상이 사실은 큰 축복 이라는 걸 깨닫게 되는 순간, 우리는 매일의 삶에서 더 많은 감사와 기쁨을 찾을 수 있다.

얼마 전, 교회 성경학교에서 한 분이 우리 부부에게 "두 분이 함께 교회 에 다니시는 모습이 참 보기 좋아요. 정말 부럽습니다."라고 말씀하셨다.

우리에게는 당연한 일상이었지만, 그분에게는 특별하게 보였던 것이다. 그날도 아침 준비가 늦어 서둘러 교회로 가느라 짜증을 내고, 차 안에서는 가족과 시끄럽게 대화를 나누며 정신없이 출발했던 그 평범한 순간들이, 누군가에게는 간절한 소망일 수 있겠다는 생각이 들었다. 같은 날, 아들의 언어 발달에 대한 칭찬을 받았다. 그때 또래 아이를 키우는 한 부모님이 "우리 아이도 말을 잘했으면 좋겠어요."라고 말씀하셨다. 그 말을 들으니, 평범하게만 여겨졌던 아들의 자연스러운 성장도 누군가에게는 부러움의 대상이 될 수 있다는 사실을 깨달았다. 평범하게 느껴졌던 이 모든 과정이 큰 축복임을 깨닫고 깊이 감사하게 되었다.

다이어트를 위해 하는 운동에서도 비슷한 깨달음을 얻었다. 처음에는 단순히 살을 빼기 위해 시작한 운동이었지만, 주변 사람들은 "관리하는 모습이 멋있어요. 그런 열정이 부럽네요."라고 말해 주었다. 내가 대수롭지 않게 여겼던 작은 실천들이 누군가에게는 부러움의 대상이 될 수 있다는 걸 알게 되었다. 우리 가족의 평범한 일상이 누군가에게 소망이 되듯, 나를 위한 이런 노력도 누군가에게는 부러움의 이유가 될 수 있다는 생각이 들었다.

당연함을 감사함으로

우리는 일상 속에서 수많은 것들을 당연하게 여긴다. 샤워기에서 쏟아지는 따뜻한 물, 출근길 손에 들려 있는 커피 한 잔 같은 평범한 순간들 말이다. 하지만 이런 익숙한 일상들이 다른 누군가에게는 결코 쉽게 누릴 수 없는 소중한 것일 수 있다. 당연하게 느껴지는 것들 속에 감사함을 잊고 살기 쉽지만, 우리가 누리는 이 평범함이 누군가에게는 간절한 꿈이나 부러움의 대상일 수 있음을 기억해야 한다.

따뜻한 밥 한 끼, 포근한 잠자리, 그리고 곁에 있는 사랑하는 가족. 이 모든 것들은 일상 속에서 너무나 익숙해져서 당연하게 느껴지기 쉽다. 하지만 조금만 시선을 돌려보면 이런 평범한 순간들이 사실 얼마나 큰 축복인지 깨닫게 된다. 우리는 당연한 것들을 놓치고 더 많은 것을 원하거나 아직 갖지 못한 것들에만 집중하며 살아간다. 그런데 아이러니하게도 우리가 진짜 행복을 느끼는 순간은 이미 우리 곁에 있는 작은 것들에서 시작된다.

감사하는 마음은 특별한 순간에서만 느껴지는 것이 아니다. 그날의 맑은 하늘, 사랑하는 사람과의 짧은 대화, 혹은 마침내 끝낸 하루의 일과처럼 사소하게 보이는 순간들이 그 출발점이 될 수 있다. 누군가에겐 당연한 일이지만, 다른 누군가에게는 간절한 소망일 수도 있는 일상 속 작은 기쁨들. 이 소소한 순간들에 감사할 때, 우리 삶의 무게가 가벼워지고 마음은 더 따뜻해진다.

감사는 연습할수록 깊어진다. 처음엔 작은 것들에 감사하는 게 어색하게 느껴질 수 있다. 하지만 매일 한두 가지의 작은 순간에 감사하는 마음을 품는 습관을 들이면 그 순간들이 점점 더 눈에 들어오고 삶은 더 풍요로워진다. 우리가 감사할 때, 마치 새로운 눈을 가진 것처럼 세상이 다르게 보인다. 불만으로 채워졌던 마음도 어느새 긍정적인 에너지로 채워지기 시작한다. 결국, 감사는 더 많은 행복을 불러오는 열쇠일지도 모른다.

매일 아침 나에게 주어진 모든 것에 감사하며 하루를 시작해 보자. 감사하는 마음을 주변 사람들에게도 표현해 보자. 그 감사는 작은 말이나 행동으로도 충분하다. 고맙다는 말 한마디, 미소 하나가 누군가의 하루를 밝히고 나의 마음도 따뜻하게 해 줄 수 있다. 그렇게 매일의 감사가 쌓이면 어느새 그 감사는 내가 마주하는 모든 순간에 긍정적인 변화를 만들어 낼 것이다. 감사하는 삶은 단순히 더 행복해지는 것이 아니라, 삶을 더 의미 있게 만드는 힘이 있다.

나에게 익숙한 일상이 누군가에게는 간절한 꿈이라는 사실을 깨달을 때, 우리는 비로소 감사하는 마음으로 삶을 대할 수 있다. 그 감사는 작은 순간에도 행복을 느끼게 하고 우리 삶을 더 빛나게 해 준다.

일상을 바꾸면 인생이 바뀐다

그런 날도 있는 거지

일상을 바꾸는 초긍정 마인드셋

삐뚤빼뚤한 하루도 괜찮다. 완벽하지 않아도 그 모든 순간이 우리의 삶을 특별하게 만든다. 오늘 하루도 소중하게 보내자.

토요일 아침, 오랜만에 자유수영을 하러 수영장에 갔다. 지난 1년간 글쓰기 공부로 토요일 오전 자유수영을 못 갔던 터라 설렘을 안고 수영장으로 향했다. 시원한 물줄기에 샤워를 하고 상쾌한 기분으로 수영장에 들어서려는 순간, 뭔가 이상했다. 사람들이 하나둘 수영장에서 샤워실로 나오고 있었던 것이다. 그때 알아차렸다. 시간을 착각해 자유수영 휴식 시간에 도착했다는 것을. "아, 오늘 수영은 안 되겠구나." 아쉬움에 터덜터덜 다시 샤워실로 돌아갔다.

샤워실에서 마주친 같이 운동하는 형님들이 "이제 온 거야? 샤워만 하고 가려고?"라며 웃음을 터뜨렸다. 아쉬워 어쩔 줄 몰라 하는 나를 보며 또 다른 형님이 말했다. "그런 날도 있는 거지. 맨날 하는데 하루 쉬고 따뜻한 물에 샤워 개운하게 하고 가." 형님의 따뜻한 위로에 마음이 녹았다. 집에 가는 길에 자주 가는 카페에 들러 아내가 좋아하는 아이스 아메리카노 두 잔을 포장했다. 집에 들어서자 커피를 본 아내는 환하게 미소 지으며 "마침 커피가 마시고 싶었어."라고 했다. 그 미소에 내 기분도 좋아졌다.

우리는 계획대로 되지 않는 순간, 쉽게 좌절하고 모든 것을 포기하고 싶어진다. 완벽한 원을 그리려다 삐뚤빼뚤한 선을 마주했을 때, 흠 없는 새 종이를 꺼내 처음부터 다시 그리고 싶은 것처럼 말이다. 오랫동안 준비해 온 발표에서 예상치 못한 실수를 연발하며 청중의 싸늘한 시선을 받을 때, 몇 달 동안 꾸준히 노력해 온 다이어트가 한순간에 무너져 내릴 때 그동안의 노력이 물거품이 되는 것 같은 허탈감과 자괴감에 휩싸인다. 심지어는 평소에 잘 되던 일들마저 뜻대로 되지 않아 엉망진창이 된 꼴을 보면 갑자기 모든 것을 내려놓고 주저앉아 버리고 싶은 충동까지 든다.

그러나 중요한 것은 삶이 완벽한 원으로 이루어지지 않는다는 사실이다. 예전에 어디선가 들었던 이야기다. 회사 생활이 완벽하지 않아 몸과 마음이 지쳐간다는 사연에 라디오 DJ 김창완 아저씨가 삐뚤빼뚤한 동그라미 40여 개를 그려 보내며 "찌그러져도 동그라미는 동그라미다."라고 위로했던 것처럼 우리 삶도 완벽할 수 없음을 인정하고 받아들이는 것이 중요하다.

매일 아침 눈을 뜨면 완벽한 하루를 꿈꾸지만, 현실은 늘 우리의 기대를

일상을 바꾸면 인생이 바뀐다

벗어나기 마련이다. 상사의 잔소리에 풀이 죽고 예상치 못한 업무로 야근을 하거나 믿었던 동료에게 배신감을 느낄 때도 있다. 우리의 하루하루는 삐뚤빼뚤하고 어딘가 찌그러진 모습일지도 모른다.

하지만 김창완 아저씨의 말처럼 찌그러진 동그라미도 결국은 동그라미다. 완벽하지 않은 하루들이 모여 우리의 인생이라는 그림을 완성한다. 우리의 삶은 완벽한 원이 아니라 때로는 찌그러지고 일그러진 동그라미의 연속일 수도 있다. 중요한 것은 삐뚤빼뚤한 동그라미를 부끄러워하거나 외면하지 않고 그것마저도 우리 삶의 일부로 받아들이는 것이다.

간헐적 단식을 하면서도 가끔은 식욕을 참지 못하고 먹고 싶은 음식을 먹을 때가 있다. 그럴 때는 평소보다 더 많이 먹고 더 늦게까지 먹는다. 몸이 원하거나 나도 먹고 싶은 것을 굳이 그렇게까지 참아가며 자책하며 하고 싶지 않은 것이다. 대신 다음 날 다시 건강한 식단으로 돌아가 균형을 찾으려 좀 더 노력한다.

운동도 마찬가지다. 매일 정해진 운동량을 채우지 못하더라도 스트레스를 받기보다는 그날 할 수 있는 만큼만 한다. 어떤 날은 컨디션이 좋아 더 많이 할 수 있고 어떤 날은 덜 할 수도 있다. 인간은 로봇이 아니기에 매일 똑같을 수 없다는 것을 받아들이고 그냥 기분 좋게 해야 할 것을 그냥 꾸준히 하려고 한다.

불완전함의 아름다움

세상을 떠들썩하게 만드는 성공한 사람들, SNS 속 완벽해 보이는 삶을 사는 사람들도 결국 우리와 같은 인간이다. 그들도 분명 밤잠 설치며 고민하고 때로는 뜻대로 되지 않는 현실에 좌절하는 날들이 있을 것이다.

겉으로는 화려해 보이는 삶 뒤에 감춰진 수많은 좌절과 실패의 순간들을 우리는 알지 못한다. 우리가 보는 것은 그저 결과일 뿐, 그 결과를 만들기 위한 과정 속에서 그들도 수없이 넘어지고 다시 일어섰을 것이다.

중요한 것은 넘어지더라도 다시 일어나 걷고 삐뚤어진 선을 만나더라도 계속해서 그림을 그려 나가는 것이다.

어떤 날은 예쁘게 그려지고 어떤 날은 엉망으로 그려지는 동그라미들. 하지만 그 모든 동그라미들이 모여 우리의 삶이라는 그림을 완성한다. 잘 그려지지 않은 날에는 스스로에게 "괜찮아, 잘하고 있어."라고 말해 주자. 완벽하지 않아도 괜찮다. 우리는 모두 각자의 속도와 방식으로 삶을 살아가고 있으니까.

우리 모두 각자의 삶이라는 종이에 매일매일 솔직하고 자유로운 동그라미를 그려 나가자. 때로는 찌그러지고 삐뚤빼뚤하더라도 그것은 우리의 소중한 하루를 나타내는 아름다운 동그라미일 것이다.

오늘부터, 완벽을 추구하기보다는 현재에 집중하고 작은 것에 감사하며

살아가는 것은 어떨까? 예상치 못한 행복과 깨달음이 당신을 기다리고 있

을지도 모르니까 말이다.

《 제2장 》

균형,
나를 지키는 방법

당신의 삶은 균형 잡혀 있나요?

얼마 전, 10년 전 함께 일했던 직장 동료들과 선배들을 만났다. 1년에 한
두 번씩 모이며 소중한 관계를 이어 가는 이들과의 만남은 언제나 즐겁다.
오랜만에 만나 평소에 나누지 못한 이야기들을 나누며 웃고 떠들었다. 처
음에는 가벼운 이야기들로 시작했지만, 점차 각자의 삶에 대한 진솔한 이
야기들이 오갔다. 한 선배는 결혼을 준비 중이라 설레는 마음을 전하며 우
리의 대화는 자연스럽게 늦은 저녁까지 이어졌다.

분위기가 무르익고 술잔이 오고 가며 각자 삶의 무게에 대한 이야기가
시작되었다. 팀장급 선배들은 젊은 세대와의 소통 어려움, 과도한 업무로
인한 스트레스, 그리고 건강 문제를 털어놓았다. 한 선배는 팀원들의 다양
한 개성과 가치관을 이해하고 팀을 이끌어야 하는 어려움과 마음 놓고 이

야기할 사람이 없어 지쳐간다고 말했다. 팀원들의 실적까지 챙기느라 밤늦게까지 일하다 보니 집에 가도 아이들과 놀아 줄 시간이 없다는 말에 씁쓸한 미소를 지었다.

또 다른 선배는 회사의 실적 압박과 경쟁적인 분위기 속에서 겪는 갈등과 스트레스를 토로했다. 실적을 위해 동료들과 경쟁하고 때로는 비겁한 방법까지 써야 하는 상황에 지쳐 가는 모습이 안쓰러웠다. 스트레스 탓에 잠도 제대로 못 자고 건강도 잃었다는 그의 말에 걱정이 앞섰다. "매일 아침 눈을 뜨면 오늘 또 무슨 일이 벌어질까 걱정부터 들어. 이렇게 회사 생각만 하다가 훅 가 버릴 것 같아." 선배의 머리엔 작년보다 흰머리가 부쩍 늘어 있었다.

최근 수주 실패로 인해 나 역시 스트레스가 쌓여 가던 중이었기에 선배들의 이야기가 남 일 같지 않았다. 나도 요즘 삶의 균형이 흐트러지고 있음을 느끼고 있었다. 식습관이 불규칙해지고, 불면증과 피로가 쌓여 몸과 마음이 점점 지쳐 가고 있었다.

멘토의 조언

최근 만났던 투자 멘토와의 대화가 떠올랐다. 나는 그에게 요즘 회사 일이 재미있어지고, 업계에 대한 이해가 깊어지면서 일에 대한 욕심과 열정이 커지고 있다고 말했다. 그러면서도 한편으로는 고민이 된다고 털어놓았

　　　　　　　　　일상을 바꾸면 인생이 바뀐다

다. 회사에서 인정받고 연봉이 오르는 것도 물론 좋지만, 회사가 나를 끝까지 지켜 주지 않을 텐데 이렇게 회사 일에 몰두하는 게 과연 맞는지 의문이 든다고 했다. 특히 회사에서 인정받을수록 더 많은 일을 하게 되는 걸 보며 '이렇게 일만 해도 괜찮을까?'라는 걱정이 들기 시작했다고 했다.

이 이야기를 들은 멘토는 삶에서 균형을 유지하는 것이 얼마나 중요한지 조언해 주었다. 그는 자신의 경험을 예로 들며, 한때 사업에 너무 몰두했던 시절 이야기를 해 주었다. 사업을 성공시키기 위해 많은 시간을 쏟다 보니, 본업인 투자에 소홀해져 결국 중요한 기회를 놓쳤던 적이 있다고 했다. 이런 실수들이 장기적으로 더 큰 손해로 이어졌다고 말했다. 사업에 몰입하는 것도 중요하지만, 다른 중요한 부분들을 간과하면 장기적으로 큰 위험이 따를 수 있다는 것이었다. 멘토는 "한쪽에만 너무 욕심을 부리면 정말 중요한 것을 놓칠 수 있다."며 무엇보다도 균형을 유지하는 것이 중요하다고 강조했다.

그는 사람들이 왜 투자에 실패하는지에 대해서도 이야기해 주었다. 대부분의 사람들은 일이 잘될 때나 잘 안될 때, 감정에 휘둘려 무리하게 투자하다가 실패를 겪는다고 했다. 일이 잘될 때는 성공에 취해 급하게 사업을 확장하거나 투자 규모를 키우는데, 이때 자금이 부족해지거나 경쟁이 심해져 어려움을 겪는 경우가 많다고 설명했다. 반대로 일이 잘 안될 때는 손실을 만회하려고 추가 투자를 하거나 무리한 결정을 내리는데, 그로 인해 오히려 더 큰 손실을 보는 경우가 많다고 했다.

멘토는 나에게 일에만 몰두하지 말고 내가 좋아하는 일에도 시간을 쓰며 회사와 개인 목표 사이의 균형을 잡으라고 조언했다. 그 균형이야말로 장기적인 성공의 핵심이라고 덧붙였다.

짐볼 운동처럼

멘토의 이야기를 듣고 나서 문득 회사 일에만 몰두하면서 다른 중요한 것들을 소홀히 했던 건 아닌지 돌아보게 되었다. 회사, 가정, 인간관계, 자기계발, 성장, 그리고 건강 등 삶의 여러 영역에서 균형을 맞춰야 행복과 만족을 느낄 수 있다는 것을 깨달았다. 한쪽에 너무 치우치면 나머지 부분들이 흔들리고 결국 삶 전체의 행복도 무너질 수밖에 없다. 모든 영역에서 조화롭게 균형을 유지하는 것이 정말 중요하다는 생각이 들었다.

짐볼 운동을 할 때 균형을 잡으려면 코어부터 팔다리까지 여러 근육이 함께 움직여야 한다. 특정 근육에만 의존하면 균형을 쉽게 잃고 쓰러지기 마련이다. 삶도 이와 비슷하다. 한 가지 영역에만 집중하면 나머지 부분이 흔들리면서 전체적인 균형이 깨질 수 있다. 다양한 삶의 영역에 고르게 힘을 분배하는 것이 균형 잡힌 삶을 유지하는 비결이다.

지금 당신은 삶의 어떤 부분에 많은 힘을 쏟고 있는가? 그로 인해 지치

일상을 바꾸면 인생이 바뀐다

고 힘들어하지는 않는가? 만약 그렇다면, 잠시 그 부분에서 힘을 빼고 다른 영역에 집중해 보는 것은 어떨까? 소홀했던 부분에 관심을 기울이고 힘을 쏟다 보면 자연스레 삶의 균형을 되찾고 더 행복한 삶을 누릴 수 있을 것이다.

튼튼한 삶의 기반은 건강에서 나온다

일상을 바꾸는 초긍정 마인드셋

건강은 우리가 가진 가장 소중한 자산이다. 지금의 건강을 당연하게 여기지 말고, 몸과 마음을 잘 돌보며 가족과 함께할 소중한 시간을 지켜 나가자.

며칠 전부터 감기 기운이 있던 아들이 결국 수족구에 걸렸다. 처음엔 단순한 감기인 줄 알았지만, 시간이 지나면서 상태가 심각해졌다. 맞벌이 부부에겐 아이가 아프면 모든 일정을 조정해야 하는 일이 정말 부담스럽고 힘들다. 최근 엄마가 누나네 근처로 이사 가면서 도움받을 곳도 없어 아내와 둘이서 이 상황을 해결해야 했다. 다행히 지금은 휴가철이라 큰 문제는 없었지만, 만약 중요한 회사 일이 있었다면 정말 난처했을 것이다.

아이를 혼자 두고 일을 할 수 없어서 아내와 나는 번갈아 가며 휴가를 내기로 했다. 사실 집에서 아이를 돌보면서 일을 하는 건 거의 불가능하다. 하루 종일 유튜브를 틀어 주지 않는 이상 업무에 집중하기도 어렵다. 그래도 아픈 아이를 직접 돌볼 수 있다는 것에 감사하게 된다. 아이가 아프더라도 우리가 곁에서 함께할 수 있다는 것이 작은 위안이 되었다.

이번 경험을 통해 다시 한번 깨달았다. 아이가 아프면 우리 가정의 모든 것이 멈출 수밖에 없다는 걸. 특히 도움을 받을 수 없는 상황에서는 아들의 건강이 얼마나 중요한지 더 절실하게 느껴졌다.

아이가 아프면 모든 것이 멈춘다. 미래를 위해 세운 계획도, 이루고 싶었던 꿈도 한순간에 사라져 버린다. 평소에는 아이가 잘못하면 혼을 내기도 하고 계속 놀아달라고 하면 귀찮게 느껴질 때도 있었다. 하지만 아이가 아프면 그런 불만들은 사라지고 아들의 건강이 가장 중요한 일이 된다. 그때가 되면 다른 모든 일들은 그저 사소한 일처럼 느껴진다.

아이가 과거에 다래끼 수술을 받았을 때 느꼈던 불안감이 아직도 생생하다. 다행히 큰 수술은 아니었지만, 아이가 아플 걸 생각하니 걱정이 많았다. 또 한 번은 포피염으로 아들이 아파서 제대로 걷지 못했을 때 그 모습을 보며 느꼈던 무력감도 잊을 수 없다. 만약 그 아픔들이 쉽게 낫지 않는 병이거나 더 심각한 문제였다면, 그 생각만으로도 마음이 저렸을 것이다. 사랑하는 사람이 아파하는 모습을 지켜보는 것이 얼마나 고통스러운 일인지 그때 절실히 깨달았다.

건강한 오늘, 새로운 시작

지금 건강한 몸을 가지고 있다면 그 자체로 감사할 일이다. 이 건강을 바탕으로 다시 일어나 바르게 살아가고 새로운 것에 도전하며 몸과 마음을 정돈해야 한다. 건강한 몸은 우리가 무엇이든 해낼 수 있는 삶의 기반이다. 특히 아이를 돌봐야 하는 우리에게 건강은 더 중요하다.

건강은 한정된 자원이다. 아무리 젊고 튼튼해 보여도 그 자원이 언제든 고갈될 수 있다는 사실을 잊고 지낸다. 어느 순간 갑작스러운 병이나 사고가 찾아올 수 있음을 기억해야 한다. 지금 주어진 건강을 잘 관리하고 소중히 여기는 것이 그만큼 중요하다. 건강을 지키는 것은 매일을 더 의미 있게, 더 충실하게 살아가기 위한 필수적인 준비이다.

규칙적인 운동, 균형 잡힌 식사, 그리고 스트레스 관리는 건강을 유지하는 기본이다. 아무리 바쁘더라도 시간을 내어 몸을 움직이고 건강한 음식을 먹으며 스트레스를 잘 다스려야 한다.

건강은 나만의 문제가 아니다. 가족 모두의 건강이 함께 지켜져야 가정의 평화와 행복도 유지된다. 특히 부모님의 건강도 우리가 더욱 신경 써야 할 중요한 부분이다. 그들의 건강이 예전 같지 않다는 사실을 잊지 말자.

어머니, 아버지는 언제나 든든한 힘이 되어 주셨다. 아이가 아플 때나 우리가 바쁠 때마다 늘 도움을 주셨다. 지방으로 이사 가신 후에도 손주가 아프면 언제든지 먼 길을 마다하지 않고 오시겠다는 어머니의 말씀에 감사하면서도 한편으로는 죄송한 마음이 든다.

시간이 흐르면서 부모님의 건강도 예전 같지 않다는 것을 느낀다. 부모님께서 건강을 잘 챙기시고 손주들과 오래오래 행복하게 지내셨으면 좋겠다. 어머니의 헌신에 감사하는 마음을 전하는 것뿐만 아니라 부모님의 건강을 신경 쓰는 것이 내가 할 수 있는 작은 보답일 것이다.

건강을 지키는 것은 우리가 할 수 있는 최고의 투자이다. 사랑하는 사람들과 더 오래, 더 행복하게 지낼 수 있는 유일한 방법이기도 하다. 지금 주어진 이 건강을 당연하게 생각하지 말고 매 순간 감사하며 잘 가꾸어 나가자. 건강한 삶은 나뿐만 아니라, 우리가 사랑하는 사람들에게도 큰 행복을 줄 것이다.

오늘도 이 귀한 선물을 소중히 여기며, 건강을 지키는 데 최선을 다하자.

다이어트 성공의 비결

일상을 바꾸는 초긍정 마인드셋

> 작은 목표부터 시작하자. 꾸준한 실천이 쌓이면 결국 큰 변화를 만들어 낸다. 오늘 내가 할 수 있는 작은 한 걸음을 내디뎌 보자.

여름이 되니 주변에서 다이어트를 시작하는 사람들이 많아졌다. 최근 월요일 미팅에서 한 동료가 다이어트를 망쳤다며 하소연했다. 잘 참다가 어젯밤에 참지 못하고 야식으로 떡볶이와 맥주를 먹었다며, "아, 다이어트 실패했어."라고 하더니, 점심에는 순대국밥을 먹으러 가자고 제안했다. 어젯밤 야식으로 과식했으니 점심은 가볍게 먹고 다시 다이어트를 이어 가면 좋을 텐데, 쉽게 포기하는 모습을 보니 안타까웠다. 사실 나도 맛있는 음식 앞에서 다이어트 결심이 흔들린 적이 많아 그 마음이 이해되었다.

외국계 회사에서 오래 일하다 보니 여러 나라의 동료들과 사적인 이야기를 나눌 기회가 많이 있다. 몇 년 전, 일본 출장 중에 자기 관리를 잘하는 날씬한 일본인 동료에게 물어본 적이 있다. "일본에는 칼로리가 높은 음식이 많은데, 어떻게 그렇게 날씬한 몸매를 유지해?"라고 묻자, 그는 칼로리가 높은 라멘이나 가츠동 같은 음식을 가끔 먹지만, 매일 먹지는 않는다고 했다. 만약 오늘 조금 과하게 먹었다면 다음 날 아침을 거르거나 점심을 가볍게 먹으면서 자연스럽게 식사량을 조절한다고 말해 주었다.

나는 매끼 맛있는 음식을 먹으려 했는데, 그는 그때그때 식사량을 조절하며 균형을 맞추고 있던 것이다. 그 작은 습관의 차이가 날씬함의 비결이라는 걸 그때 알게 되었다.

여러 번 다이어트를 시도했지만 매번 실패했다. 맛있는 음식과 야식의 유혹은 쉽게 떨쳐 내기 힘들었고 운동도 며칠 하다가 금방 포기하곤 했다. 항상 의욕적으로 시작했지만, 결국 중간에 지치거나 의지가 약해져서 그만두게 되었다. 그러다 몇 년 전, 식단과 운동 방식을 완전히 바꾸고 마음을 굳게 먹은 후 다이어트를 다시 시작했다. 이번에는 이전과 달랐다. 꾸준함을 유지한 끝에 12kg을 감량했고 지금까지도 그 체중을 유지하고 있다.

요즘은 맛있으면서도 영양소가 풍부하고 칼로리가 낮은 대체 식품들이 많이 나와 다이어트가 예전보다 훨씬 수월해졌다. 나 역시 양념 닭가슴살이나 건강한 식품들을 식단에 포함시켜 다이어트를 좀 더 지속 가능하게 만들었다. 이렇게 여러 번 실패를 겪으며 깨달은 것은 다이어트는 단기간에 끝나는 일이 아니라 꾸준한 습관 변화가 필요한 과정이라는 점이었다.

매일 조금씩이라도 변화를 실천하는 것이 가장 중요했다.

하지만 이런 노력에도 불구하고 변화는 금방 찾아오지 않았다. 체중이나 몸매의 변화가 바로 보이지 않아서 답답할 때도 있었지만, 꾸준히 하다 보니 조금씩 몸이 변하는 걸 느꼈고 새로운 습관들이 자리 잡기 시작했다. 처음엔 힘들었던 일들도 점차 익숙해지면서 덜 힘들게 느껴졌다. 결국, 다이어트 성공의 핵심은 습관이었다. 모든 것을 한꺼번에 바꾸려고 하면 오히려 실패할 가능성이 높아 작은 변화부터 시작했다.

가장 먼저 저녁 8시 이후에는 아무것도 먹지 않기로 결심했고 이를 꾸준히 지켰다. 새벽에는 수영을 하며 하루를 시작했고 하루에 최소 10분씩이라도 걷거나 간단한 맨손 운동을 실천했다. 처음엔 작은 변화처럼 보였지만, 이 작은 습관들이 쌓이면서 점차 큰 변화를 이끌어 냈다. 몸뿐만 아니라 마음가짐까지 달라졌고 생활 전반에서 긍정적인 영향을 느낄 수 있었다.

조금씩 변화한다

오늘부터 실천 가능한 작은 목표를 세워 보자. 저녁 식사 후 10분 동안 집 안 청소하기, 엘리베이터 대신 계단 이용하기, 간식 대신 견과류나 물로 대체하기처럼 간단한 습관부터 시작해 보자. 나도 저녁 식사 후 10분 정도 맨손 운동을 하는 습관을 들이면서 몸이 더 건강해졌다. 작은 변화들이 쌓여 큰 변화를 만들었다는 것을 직접 경험하면서 다이어트뿐만 아니라 인생

일상을 바꾸면 인생이 바뀐다

의 모든 일이 그렇다는 걸 깨달았다. 일상의 작은 행동들이 모여 변화를 일으킨다는 것을 알게 된 것이다. 천천히 자신의 속도에 맞춰 하나씩 하다 보니 자연스럽게 적응되고 성장할 수 있었다.

매일 조금씩 행동하다 보면 0.1mm라도 변화를 이뤄낼 수 있다고 믿는다. 처음에는 그 변화가 눈에 띄지 않겠지만, 시간이 지나면 분명히 큰 차이를 만들어 낼 것이다. 다이어트는 단순히 몸무게를 줄이는 것이 아니라, 건강한 삶을 위한 습관을 만드는 과정이다. 조급해하지 말고 꾸준히 노력하다 보면 어느새 더 건강하고 자신감 있는 나를 만나게 될 것이다.

조급함을 버리고 매일의 작은 실천을 쌓아가다 보면 어느 순간 더 나아진 자신을 발견할 수 있다. 결국 변화는 어느 날 갑자기 찾아오는 것이 아니라, 꾸준함 속에서 서서히 모습을 드러낸다. 중요한 건 처음부터 완벽하려 하지 않는 것이다.

오늘부터 작은 목표를 설정하고 그 목표를 향해 한 걸음씩 나아가 보는 건 어떨까? 작은 변화들이 차곡차곡 쌓여 결국 큰 변화를 만들어 낼 것이다. 습관의 마법이 당신의 삶을 건강하고 행복하게 바꿔 줄 것이다. 0.1mm씩 나아가는 작은 변화의 힘을 믿고 오늘부터 실천해 보자.

술을 끊고 되찾은 내 삶의 중심

일상을 바꾸는 초긍정 마인드셋

술을 끊는 순간, 당신의 인생은 완전히 달라진다. 지금, 변화를 선택하고 진정한 자유를 손에 넣어라.

작년 2월, 나는 술을 끊기로 결심했다. 술은 나에게 즐거움이자 사람들과 어울리는 수단임과 동시에 내가 세운 목표를 가로막는 큰 장애물이었다. 술자리에서 웃고 떠드는 시간은 즐거웠지만, 과음 후의 숙취와 후회는 늘 나를 힘들게 했다. 술에 취해 실수한 말과 행동으로 부끄러움을 느끼고 자책하는 일도 많았다.

몇 년간 자기 계발에 집중하며 꾸준함의 중요성을 깨달았다. 매일 운동하고 책을 읽고 글을 쓰는 작은 습관들이 내 삶에 큰 변화를 가져왔지만, 술은 이런 발전을 방해하는 걸림돌이었다. 술을 마시면 계획이 흐트러지고 숙취로 다음 날까지 영향을 받는 일이 잦았다. 술에 너무 많은 시간과 에너지를 쏟고 있다는 생각이 점점 커지면서 결국 술을 끊기로 했다.

어느 날 회사 회식 후, 흐릿한 기억과 함께 후회가 밀려왔다. 스스로 제어하지 못하고 과음했던 모습이 부끄러웠고 처음 만난 사람들 앞에서 취한 내 모습이 마음에 걸렸다. 그날 아침, 아내에게 "이제 술을 마시지 않겠다."라고 선언했다. 마음속에 '과연 내가 정말 끊을 수 있을까?'라는 의심이 있었지만, 의지를 다잡고 금주를 시작했다. 신기하게도 이번에는 마음을 다잡으니 술 생각이 예전만큼 나지 않았다. 가끔 집에서 먹던 맥주가 생각나기도 했지만, 그럴 때는 무알콜 맥주로 대체했고 술 약속을 거절하는 것도 조금씩 익숙해졌다. 처음에는 몸이 안 좋다는 핑계를 대기도 하면서 점차 술자리에서도 술을 마시지 않고 음료를 마시는 것이 자연스러워졌다.

영업에서도 변화가 필요했다. 고객과의 술자리 대신 맛있는 식사를 대접하거나 건강에 좋은 선물로 인사를 하며 새로운 방식으로 접근하기 시작했다. 이런 변화는 내가 술을 끊었다는 사실을 자연스럽게 알리는 계기도 되었다. 술을 마시지 않는 사람으로 각인되고 나니 점차 부담도 줄고 나만의 스타일로 관계를 유지할 수 있었다.

술을 끊고 나서야 비로소 내 삶의 주도권을 되찾는 느낌이 들었다. 술에 휘둘리던 생활에서 벗어나 이제는 내 의지로 하루하루를 계획하고 살아갈 수 있게 되었다. 그로 인해 모든 면에서 긍정적인 변화가 시작됐다. 가장 먼저 눈에 띈 변화는 건강이었다. 술로 인해 늘어났던 체중이 서서히 줄었고 피부도 눈에 띄게 맑아졌다. 더 이상 숙취로 힘들어하는 날이 없어지니 아침이 상쾌해지고 하루 종일 몸에 에너지가 넘쳤다. 아침 일찍 일어나 운동을 하거나, 집중력을 발휘해 하루의 시작을 생산적으로 만들 수 있었다.

금주는 단순히 술을 끊는 것에 그치지 않았다. 나 자신을 더 잘 관리하고 내 삶을 주도적으로 이끌어가는 첫걸음이 되었다. 술을 마시며 흐트러졌던 생활 패턴이 바로잡히고 나 자신에 대한 자신감도 점차 회복되었다. 이런 변화는 전반적인 삶의 질을 높이는 계기가 되었다.

금주가 가져다준 새로운 변화

경제적으로도 큰 변화가 찾아왔다. 술값으로 나가던 돈이 줄어들면서 자연스럽게 저축이 가능해졌고 불필요한 지출도 막을 수 있었다. 예전에는 술자리에서 무의미하게 쓰던 돈이 이제는 의미 있는 곳에 투자되었다. 그동안 술자리에서 충동적으로 썼던 돈이 이제는 여행, 자기 계발, 혹은 가족과의 시간에 사용되면서 더 가치 있게 쓰이는 것을 실감했다. 금주가 나에게 가져다준 것은 단순히 건강뿐만 아니라, 삶의 전반적인 질적 향상과 경제적 여유였다.

업무에도 긍정적인 변화가 찾아왔다. 맑은 정신으로 일에 집중하면서 효율이 높아지고 성과도 자연스럽게 향상되었다. 덕분에 동료들에게 자신감 있고 활기찬 인상을 남기게 되었고 그 결과 승진과 연봉 인상이라는 성과를 얻었다. 술을 끊은 결정은 내 삶의 방향을 긍정적으로 전환시키는 중요한 전환점이 되었다. 더 나은 나를 만들어 가는 출발점이 된 셈이었다.

또한, 오랫동안 꿈꿔왔던 책도 마침내 출간할 수 있었다. 술을 끊고 남은 시간과 에너지를 글쓰기에 집중한 덕분에 내 이름으로 된 책을 세상에 내놓는 성과를 거두었다. 현재 두 번째 책이 곧 출간될 예정이며 세 번째 책도 준비 중이다. 술에 취해 잊고 있었던 꿈들을 현실로 이루어 가는 순간들이었다.

술을 끊은 후, 내 삶은 완전히 달라졌다. 이제는 술에 얽매이지 않고 내의지로 하루를 살아가며 진정한 행복과 자유를 느낀다.

변화를 원한다면, 다른 무엇을 하기 전에 먼저 금주를 시작하자. 당신의소중한 시간, 돈, 건강, 그리고 꿈을 위해서다. 술을 끊는 순간, 당신은 다시 삶의 주도권을 잡고 성공으로 가는 길을 열 수 있을 것이다. 내 이야기가 술을 끊고자 고민하는 분들에게 작은 도움이 되고 새로운 자극이 되기를 바란다. 술을 끊는 것이 결코 쉬운 일은 아니지만, 그로 인해 얻게 될 변화는 상상 이상으로 값질 것이다. 술에서 벗어나 진정한 자유와 행복을 찾고 스스로 삶을 이끌어 가길 진심으로 응원한다.

5

기본기에 답이 있다

수영장에서 200m 발차기 훈련을 하다가 숨이 턱 끝까지 차오를 때, 기본기의 중요성을 다시 한번 느낀다. 발차기는 단순히 물을 차는 동작이 아니라 몸을 앞으로 나아가게 하는 원동력이다. 발차기가 제대로 되지 않으면 몸이 가라앉고 더 많은 에너지가 소모된다. 발차기 하나하나가 물을 밀어내면서 추진력을 만들어 주는 중요한 역할을 한다. 몇 년을 해도 여전히 힘든 발차기 훈련이지만, 이 기본기를 제대로 하지 않으면 빠르고 안정적으로 수영할 수 없다. 마치 뿌리가 튼튼한 나무가 강한 바람에도 쓰러지지 않는 것처럼 탄탄한 기본기가 실력을 키우는 가장 중요한 기반이 된다.

영업 현장에서도 기본이 가장 중요하다. 멋진 계약 체결이나 화려한 프레

젠테이션보다 더 중요한 것은 바로 잠재 고객을 발굴하고 관계를 쌓는 일이다. 매일 고객에게 연락하고 제안서를 쓰고 꾸준히 소통하는 일은 지루하고 단순해 보일 수 있다. 하지만 이 기본기가 튼튼하게 다져져 있지 않으면 매출을 올리거나 회사를 성장시키기는 건 불가능하다. 성공적인 영업 사원들은 이러한 기본을 충실히 지키며 고객과 신뢰를 쌓고 미래를 준비한다.

세계적인 축구 선수 손흥민의 아버지 손웅정 씨는 슛 연습이나 화려한 기술 연습보다 기본기 훈련을 강조했다. 공과 친해지는 훈련, 즉 기본기를 수년간 쌓아야만 공을 자유자재로 다루고 세계적인 선수가 될 수 있다는 믿음이 있었기 때문이다. 손흥민 선수의 화려한 플레이 뒤에는 수년간 묵묵히 기본기를 연마한 시간이 숨겨져 있다. 이 시간을 게을리하지 않고 기본기를 쌓은 덕분에 손흥민은 훌륭한 세계적인 선수가 될 수 있었다.

기본기의 중요성은 우리 일상 곳곳에서도 드러난다. 사람들이 줄을 서서 찾는 맛집을 떠올려 보면 그곳이 성공하는 이유는 맛 때문만은 아니다. 맛은 기본이고 깨끗한 식기와 테이블, 친절한 서비스, 편안한 분위기까지 기본적인 부분들이 잘 갖춰져 있다. 반면, 아무리 맛이 훌륭해도 불친절하거나 비위생적인 식당은 금세 외면당한다. 맛은 개인적인 취향에 따라 다를 수 있지만, 청결이나 친절은 누구나 중요하게 생각하는 기본적인 가치이기 때문이다. 결국 맛집이 오랫동안 사랑받기 위해서는 맛 이상의, 탄탄한 기본기가 뒷받침되어야 한다.

사회생활이나 인간관계에서도 기본은 정말 중요하다. 약속 시간을 지키고 자신의 말에 책임지는 것처럼 기본적인 예의를 갖춘 사람은 어디서나 환영받는다. 반대로 기본이 안 된 사람은 주변 사람들에게 불편함을 주고 외면받기 쉽다. 기본적인 예의와 배려는 사람들 사이의 관계를 부드럽게 만들어 주는 윤활유 같은 역할을 한다. 오랫동안 사람들에게 인정받고 사랑받는 사람들은 이런 기본을 바탕으로 더 깊이 있는 관계를 쌓아온 것이다.

오늘부터, 기본으로 돌아가자

우리가 하는 모든 일, 만나는 모든 사람과의 관계에는 기본이 중요하다. 기본을 소홀히 하면 아무리 재능이 뛰어나거나 노력을 많이 해도 그 가치를 제대로 발휘하기 어렵다. 기본은 우리를 지탱하는 힘이자 더 높이 나아가기 위한 발판이다. 높은 건물을 짓기 위해서는 튼튼한 기초가 필요한 것처럼 성공적인 삶을 위해서도 기본이라는 토대가 확실해야 한다. 기본이 제대로 갖춰져야 그 위에 쌓이는 모든 것이 안정적으로 빛날 수 있다.

우리는 눈에 보이는 성과에만 집중하느라 그 뒤에 숨겨진 기본의 중요성을 간과하곤 한다. 하지만 진정한 성공은 화려한 결과가 아니라 보이지 않는 곳에서 꾸준히 쌓아온 기본에 달려 있다. 기본이 제대로 다져지지 않은 상태에서 성과만을 추구하면 작은 시련에도 쉽게 무너질 수 있다. 반대로 기본이 탄탄하게 다져져 있으면 어떤 어려움이 닥쳐도 흔들리지 않고 나아갈 힘을 얻게 된다.

오늘 하루, 우리가 하는 일에서 가장 중요한 기본이 무엇인지, 그리고 사람들과의 관계에서 필요한 기본이 무엇인지 고민해 보자. 직장에서라면 협력과 소통, 가정에서는 배려와 이해가 기본이 될 수 있다. 그 기본을 소홀히 여기지 않고 충실히 실천하는 것이야말로 진정한 성장을 위한 첫걸음이다.

지금 당장의 성과가 보이지 않아도 조급해하지 말자. 눈에 띄지 않는 작은 노력들이 결국 더 큰 성과를 만들어 낸다. 씨앗을 심고 물을 주며 기다리다 보면 어느새 싹이 트고 나무가 자라듯이, 꾸준히 쌓아온 기본은 시간이 지나면서 당신의 삶에 큰 변화를 가져다줄 것이다. 화려한 결과는 단순히 운이나 재능이 아닌 그 과정에서 다져진 기본의 결과임을 기억하자. 기본에 충실하면 결국 자신만의 속도와 방향으로 성장과 성공을 향해 나아갈 수 있다.

힘 빼고 살아보기: 80점의 미학

잘해야 한다는 부담감, 우리 모두 한 번쯤은 느껴본 적 있을 것이다. 중요한 발표를 앞두고 있거나 인생을 바꿀 중요한 결정을 앞둔 순간에 그런 부담감이 다가온다. 우리는 자신에게 부담을 주면 더 열심히 하게 될 거라고 생각하지만, 사실은 그렇지 않을 때가 많다.

너무 긴장하고 스트레스를 받으면 머릿속이 복잡해지면서 평소에 쉽게 해 오던 일조차 갑자기 어려워진다. 생각이 엉키고 중요한 순간에 실수를 하게 된다. 작은 실수 하나에 불안이 커지면, 그 불안감이 연이어 또 다른 실수를 불러오고 결국 일이 꼬이기 시작한다. 그렇게 부담감은 점점 더 상황을 어렵게 만들고 처음 기대했던 결과에서 멀어지게 한다.

나 역시 잘해야 한다는 부담감에 자주 휩싸였다. 그 생각이 커질수록 오히려 일이 더 복잡해지곤 했다. 발표 때 긴장해서 평소처럼 말이 잘 나오지 않거나, 중요한 결정을 앞두고 주저하다가 좋은 기회를 놓친 적도 있었다. 부담감이 나를 더 잘하게 할 거라 믿었지만 오히려 나를 막고 있었다는 걸 깨달았다.

　결국, 잘하려는 마음이 불안을 키우고 그 불안이 실수를 불러 결과에서 멀어지게 만든다는 사실을 알게 되었다. 때로는 부담을 내려놓는 것이 더 나은 성과를 얻는 길임을 기억해야 한다.

　몇 년 전, 업계에서 유명한 전시회에서 연사로 섰던 순간이 아직도 잊히지 않는다. 그때 나는 정말로 완벽한 발표를 하고 싶었다. 그래서 매일 밤낮없이 준비했고 발표 내용을 거의 외우다시피 했다. 수십 번 연습하면서 무대 위에서 멋지게 성공하는 나의 모습을 그렸다. 자신감도 있었고 이번 만큼은 확실히 잘할 수 있을 것 같았다.

　하지만 막상 무대에 서는 순간, 긴장이 몰려오더니 머릿속이 완전히 하얘졌다. 방금 전까지 줄줄 외우던 내용이 갑자기 전혀 생각나지 않았다. 당황한 나머지 말은 꼬이고 준비했던 흐름은 완전히 깨져 버렸다. 겨우 발표를 마치고 무대에서 내려왔지만, 마음은 무너져 있었다. '왜 그랬을까?', '내가 왜 이렇게 망쳤을까?'라는 자괴감이 밀려왔다. '분명 더 잘할 수 있었는데.'라는 후회가 계속해서 머릿속을 떠나지 않았다.

이런 경험은 단지 발표에서만 끝난 게 아니었다. 얼마 전, 나는 첫 번째 책을 출간했다. 어머니께서는 그 책을 지인들에게 선물하시려고 내게 사인을 부탁하셨고, 아내도 직장 동료들에게 줄 책에 사인을 해달라고 했다. 사인과 이름도 써줘야 한다는 말에 내 글씨체가 예쁘지 않아 부담스러웠다. 하지만 어쩔 수 없이 몇 번 연습을 했고, 결국 나름 괜찮은 사인을 만들었다.

그런데 아내의 직장 상사와 동료들에게 줄 책에 사인을 하려니 갑자기 손이 떨리기 시작했다. '잘 써야 하는데.'라는 생각이 머리를 가득 채우면서 사인은 엉망이 되어 버렸다. 멋진 사인을 남기고 싶었지만, 결국 엉성한 글씨가 책에 남고 말았다.

부담감 대신 여유를

잘해야 한다는 부담감은 내가 가끔 즐기는 골프를 칠 때도 자주 느낄 수 있다. 몇 년간 스윙을 연습해 왔지만, 여전히 가장 어려운 건 힘을 빼는 것이다. 멋진 스윙으로 공을 멀리 보내고 싶은 마음에 힘을 빼려고 해도 '잘해야 한다.'라는 생각에 오히려 몸에 힘이 들어간다. 그러면 공은 엉뚱한 방향으로 날아가 버린다. 주변 사람들은 "힘을 빼고 쳐야 해요."라고 조언하지만, 막상 필드에 나가면 그 조언은 금방 잊어버린다. '이번에는 꼭 잘해야 해.'라는 생각이 머릿속을 가득 채우고 그 생각에 온몸에 힘이 들어가면서 스윙은 부자연스러워지고 샷은 엉망이 된다.

이런 경험을 할 때마다, 잘 하려 할수록 실수가 늘고 오히려 힘을 빼고 자연스럽게 할 때 더 좋은 결과가 나온다는 걸 깨닫게 되었다. 이 깨달음은 내 삶의 태도에도 큰 변화를 주었다. 이제는 완벽함을 목표로 삼지 않는다. 대신, '80점이면 충분하다.'라는 마음으로 완벽에 대한 집착을 내려놓았다. 결과에 매달리기보다는 과정을 즐기고 현재에 집중하며 예상치 못한 상황에도 더 유연하게 대처하려고 한다.

힘을 빼는 연습은 곧 마음을 비우는 연습이기도 하다. 잘해야 한다는 생각을 내려놓고 지금 이 순간에 집중하는 법을 배워가는 것이다. 우리는 자신에게 너무 큰 기대를 걸고 그 기대가 충족되지 않으면 쉽게 실망과 좌절에 빠진다. 하지만 마음을 비우고 현재에 충실하며 주어진 일을 해 나갈 때 더 큰 만족감을 얻을 수 있다.

잘하려는 마음을 조금 내려놓자. 대신, 현재에 집중하고 자신을 믿으며 과정을 즐기자. 그러면 삶의 여러 순간들이 더욱 의미 있게 다가오고 예상하지 못한 기쁨과 성취도 함께 찾아올 것이다.

인생은 타이밍이다

7

일상을 바꾸는 초긍정 마인드셋

> 두려워하지 말고 잃을 게 없다는 마음으로 도전하자. 작은 것이라도 지금 시작하면 새
> 로운 가능성이 열릴 것이다. 오늘, 당신은 어떤 도전을 시작할 것인가?

투자 멘토와 마주 앉았던 그날, 그의 말 한마디가 내 마음을 깊이 울렸다. 그는 코로나19로 혼란스러웠던 시기에 우리가 미처 알아차리지 못한 부동산 투자의 기회를 설명했다.

"코로나 때 상가 매물이 넘쳐났었지. 사람들은 가게들이 다 망할 거라고 생각했어. 월세도 제대로 못 받는 곳이 많았고, 가게를 넘기려 해도 권리금은커녕 몇 년 치 월세를 공짜로 주면서 넘기는 경우도 많았지. 그런데 지금은 어떻게 됐을까? 그때 싸게 나왔던 상가들이 지금 몇 배로 올랐어. 그때 기회를 알아본 사람들은 지금 엄청난 수익을 보고 있지."

그는 사람들이 두려움에 빠져 있던 시기에 오히려 기회가 있었다고 말했다. 코로나 때문에 다들 상가를 급하게 팔고 있을 때, 그 가치를 알아보고

투자한 사람들은 지금 큰 수익을 얻고 있다는 이야기였다.

멘토의 말을 듣고 나니, 여러 생각이 들었다. 텅 빈 거리, 문 닫은 가게들. 그때 나 역시 코로나로 인해 미래가 암울하게만 보였다. 하지만 그 속에서도 기회를 본 사람들이 있었다. 모두가 두려워할 때, 용기를 내어 투자한 그들은 지금 그 결실을 보고 있다. 기회는 그렇게 예상치 못한 순간에 찾아온다.

마치 바닷물이 조용히 밀려왔다가 빠져나가듯, 기회는 조용히 찾아와 어느 순간 사라진다. 하지만 우리는 당장의 어려움에만 집중하느라 그 기회를 놓치곤 한다.

얼마 전, 전 직장 선배에게서 연락이 왔다. 이제 회사 임원이 된 그는 새로운 포지션에 적합한 인재를 추천해 달라고 부탁했다. 나는 내 대학 동기가 떠올랐다. 그녀는 아기를 낳기 전 비슷한 업무를 했던 경험이 있어서 이 일에 적임자라고 생각했다. 예전에도 한 번 선배와 이야기할 때 그녀의 경력에 대해 언급한 적이 있었고 선배 역시 그때 그녀의 이력을 긍정적으로 평가했었다. 그래서 그녀에게 이 기회를 추천하는 것이 자연스러웠다. 주 1회 출근에 1년 동안 교육을 지원받을 수 있고 연봉도 꽤 괜찮은 데다 업무 강도도 높지 않아서 그녀에게 안성맞춤인 자리였다.

또한, 그 선배는 업계에서 평판이 좋기로 유명했다. 나도 그와 함께 일한 경험이 있어서 그의 성실함과 좋은 인품을 잘 알고 있었다. 그래서 동기가 선배와 함께 일한다면 일도 더 수월하고 편하게 할 수 있을 거라고 생각했다. 특히, 오랜 기간 가정주부로 지내던 그녀에게는 다시 사회로 나가 도전할 수 있는 좋은 기회였다. 일단 시작해 보고 만약 일이 맞지 않으면 조직 내에서 다른 업무를 찾는 방법도 있었다. 안정적인 교육과 연봉, 그리고 경력을 쌓을 수 있는 기회였기 때문에 이 제안을 할 때 그녀에게 잃을 게 없다는 확신이 들었다.

하지만 그녀는 망설였다. 오랜 기간 가정주부로 지내며 사회와 단절된 삶을 살아왔던 그녀는 자신감이 없어 보였다. "오랫동안 쉬었는데, 잘할 수 있을지 모르겠어."라며 불안한 마음을 털어놓았다. 나는 "이런 좋은 기회를 놓치면 후회할 거야."라고 설득했지만, 아무리 설명해도 그녀의 마음속 두려움은 쉽게 사라지지 않았다. 결국 그 기회는 다른 사람에게 돌아갔고 며칠 뒤 그녀는 결심한 듯 다시 연락해 "지원할 수 없을까?"라고 물었다. 그러나 이미 너무 늦어 버렸다. 그때 그녀의 아쉬움이 고스란히 전해져 안타까웠다.

또 다른 친구는 상사와의 갈등과 과도한 업무에 지쳐 무작정 사표를 던졌다. 특별한 계획도 없었다. 미래에 대한 불안감이 있었지만, 그는 "일단 쉬면서 생각해 보자."라는 마음으로 과감하게 결정을 내렸다.

일상을 바꾸면 인생이 바뀐다

그러던 어느 날, 친구에게 전 직장에서 가끔 연락하던 동료에게서 전화가 왔다. 동료는 새로운 회사에서 함께 일할 사람을 찾고 있다며, 관심이 있으면 지원해 보라고 권했다. 그는 망설이지 않고 잃을 게 없다는 생각으로 바로 지원서를 제출했고 면접 기회도 얻었다.

면접 자리에서 면접관들은 그의 경력과 퇴사 이유에 대해 물었다. 그는 상사와의 갈등, 과도한 업무, 퇴사 후 느낀 불안감, 그리고 새로운 도전에 대한 열망까지 솔직하게 털어놓았다. 그의 진솔함과 열정이 면접관들에게 좋은 인상을 남겼는지 결국 그는 그 회사에 채용되었다.

두 친구의 이야기는 인생에서 타이밍이 얼마나 중요한지 다시 한번 일깨워 준다. 한 친구는 우연히 걸려 온 전화로 예상치 못한 기회를 얻었고 솔직하고 진정성 있게 면접에 임해 결국 더 나은 직장에서 일할 수 있게 되었다. 반면, 다른 친구는 오랜 망설임에 기회를 놓치고 뒤늦게 후회하는 상황을 맞이했다.

때로는 우리가 예측하지 못한 순간에 인생의 전환점이 찾아온다. 중요한 것은 그 기회가 왔을 때 준비가 되어 있는지, 그리고 긍정적인 마음으로 그 기회를 받아들일 수 있는 자세를 갖추고 있는지다.

잃을 것 없는 도전을 시작하라

글쓰기, 블로그, 유튜브 등 이런 도전들은 돈 한 푼 들이지 않고 리스크

없이 시작할 수 있다. 회사에서의 발표, 행사 진행, 새로운 프로젝트 참여도 마찬가지다. 망설이거나 두려워할 필요가 없다. 설령 실패하더라도 잃을 것은 없다. 오히려 경험을 쌓고 새로운 가능성을 발견하게 된다.

익숙한 것에 안주하는 삶은 편안하지만, 새로운 도전 없이는 성장도 없다. 낯선 분야에 도전하고 실패를 두려워하지 않다 보면 어느새 자신도 몰랐던 재능을 발견하게 된다. 그리고 그 과정에서 인생을 바꿀 중요한 타이밍을 만날지도 모른다.

인생은 타이밍이다. 하지만 우리는 그 타이밍을 기다리기만 해서는 안 된다. 삶은 정해진 운명대로 흘러가는 것이 아니라 우리가 만들어 가는 것이다. 끊임없이 배우고 도전하며 스스로 기회를 만들어 나가야 한다. 망설임과 두려움을 떨쳐 내고 지금 당장 작은 것이라도 시작해 보자. 그 도전이 당신의 삶에 새로운 변화를 가져다줄 것이다.

8

교만에서 겸손으로

일상을 바꾸는 초긍정 마인드셋

교만은 누구에게나 있다. 그러나 중요한 건 그것을 인식하고 극복하려는 의지다. 자신을 성찰하고 타인을 존중하는 태도가 결국 내 삶을 더 단단하게 만든다.

오늘 예정되었던 미팅이 갑자기 취소되어 밀린 업무를 여유롭게 처리하고 있었다. 그런데 예상치 못한 전화 한 통이 걸려 왔다. 내가 블로그에 올린 회사 소개 포스팅을 보고 우리 회사 시스템에 대해 논의하고 싶다며 미팅을 요청한 것이다. 상대방이 근처에 있어 급히 시간을 맞춰 만나기로 했다.

하지만 대화를 나눌수록 상대방이 준비가 부족하고 내용도 제대로 파악하지 못한 듯한 느낌이 들었다. '어떻게 이렇게 준비도 안 하고, 내용도 잘 모른 채 미팅을 하려고 할까?'라는 생각이 머릿속을 스쳤다. 나이도 지긋하고 경험도 많아 보였지만, 그 모습은 실망스러웠다. '저러니까 안 되는 거지.'라는 생각과 함께 나도 모르게 교만한 마음이 고개를 들었다. '나는 저렇지 안 하지, 내가 훨씬 더 잘 알고 있지.' 하는 생각과 함께 상대방을 얕잡아 보는 마음이 생겼다.

불안함이 부른 교만

얼마 전, 중요한 파트너사의 핵심 인력이 퇴사한다는 소식을 들었다. 심지어 그 회사가 우리와의 비즈니스를 더 이상 진행하지 않을 거라는 이야기까지 나왔다. 최근 파트너사 담당자들을 만났을 때, 그들이 우리 제품보다 경쟁사 제품을 더 선호하는 것처럼 보였기 때문에 그 소식은 더 불안하게 다가왔다.

그래서 이번 팀 미팅에서 파트너사에 대한 우려를 팀원들과 나누며 내가 들은 이야기도 함께 전했다. 하지만 시간이 지나고 나니 이미 걱정하고 있는 팀원들에게 내가 굳이 부정적인 의견을 더할 필요가 있었을까 하는 생각이 들었다. 내가 했던 말을 되짚어보니 단순한 우려를 넘어서 파트너사를 깎아내리는 듯한 교만한 태도가 묻어 있었다는 것을 깨달았다.

'왜 자꾸 이런 오만한 마음이 들지?'라는 생각이 들면서, '나는 잘하고 있는 걸까?', '내가 남을 평가하고 비판할 자격이 있나?'라는 질문들이 머릿속에 떠돌았다.

사실 교만함의 이면에는 내가 마주하기 두려운 나약함과 불안함이 숨어 있는 것 같았다. 남들보다 더 잘하고 싶다는 압박감, 인정받고 싶은 마음, 그리고 실패에 대한 두려움. 이런 감정들이 내 속에서 끊임없이 솟아나고

　　　　　　　　　일상을 바꾸면 인생이 바뀐다

그것을 감추기 위해 스스로를 더 높이려는 교만이 나오는 게 아닐까 싶다. 결국 교만함은 나의 불안과 두려움에서 시작된 방어 기제일지도 모른다.

어린 시절부터 나는 칭찬받고 눈에 띄기 위해 애써왔다. 잘해야 한다는 부담감, 실수하면 안 된다는 압박 속에서 자라왔다. 끊임없이 경쟁하고 비교하는 사회에서 살아남기 위해 남들보다 더 잘해야 한다는 강박과 뒤처지면 안 된다는 불안감이 결국 교만이라는 가면을 쓰게 만든 것이다.

하지만 이제는 솔직하게 인정해야 한다. 나 자신을 있는 그대로 받아들이는 법을 배워야 한다. 교만은 나를 더 나은 사람으로 만들지 않으며, 오히려 나를 고립시키고 진정한 관계를 맺지 못하게 하며 불행하게 만든다.

있는 그대로의 나를 받아들이는 건 쉽지 않다. 하지만 그것은 성장과 행복으로 가는 첫걸음이다. 나의 약점과 불완전함을 인정하고 그것들을 개선하기 위해 노력하는 과정에서 비로소 자신감과 자존감을 얻을 수 있다.

타인과 비교하며 우월감을 느끼는 대신, 타인의 장점을 배우고 존중하며 함께 성장하는 기쁨을 누리자. 진정한 관계는 서로의 약점을 보듬고 강점을 격려하며 함께 나아가는 과정에서 만들어진다. 교만이라는 가면을 벗고 진짜 나를 마주하는 일은 두렵지만, 그럴 때 진정한 행복과 자유를 얻을 수 있다. 있는 그대로의 나를 받아들일 때, 진정한 변화와 성장이 시작된다.

교만한 마음이 들 때마다 이를 떨쳐 내는 것은 결코 쉽지 않다. 하지만 그럴 때일수록 스스로 노력해야 한다. 타인의 말을 경청하고 그들의 입장에서 생각하며 공감하는 연습을 꾸준히 해나가는 것이 중요하다. 감정이 앞설 때는 잠시 멈추어 심호흡을 하며 더 신중하게 행동해야 한다.

욕심에 눈이 멀어 소중한 것을 잃지 않도록 늘 겸손하고 감사하는 마음으로 살아가자. 내면의 교만함을 내려놓고 솔직한 마음으로 세상을 바라보는 연습을 하자. 이제는 천천히 여유를 가지고 겸손을 실천하며 살아가자.

교만은 누구에게나 찾아올 수 있다. 하지만 중요한 것은 그 교만을 인식하고 이를 극복하려는 노력이다. 자신을 돌아보고 타인을 존중하며 함께 성장하는 기쁨을 누려보자. 그렇게 할 때 오늘보다 더 나은 내일을 만들어 갈 수 있을 것이다.

《 제3장 》

성장,
긍정의 기술

안 되는 일들에서 배우다

안 되는 것에만 집중하지 말자. 잘되고 있는 것들에 감사하고, 작은 성공을 소중히 여기자. 무엇에 집중하느냐에 따라 우리의 인생이 달라진다.

작년부터 수주를 목표로 준비해 온 프로젝트가 있었다. 규모가 커서 업계에서도 성공하면 상징적인 프로젝트가 될 것이라 모두의 관심이 쏠렸다. 입사 후 내가 직접 발굴하고 진행해 온 고객이라 더 애정이 갔고 꼭 성공시키고 싶었다.

그런데 지난주 고객으로부터 연락이 왔다. 회사 사정으로 인해 당장 투자가 어렵다는 CEO의 결정이 내려졌다는 소식이었다. 결국 프로젝트는 중단되었고 그 말을 들었을 때 힘이 쭉 빠졌다. 여러 이해관계가 얽혀 있는 상황이라 이해는 했지만, 마음이 답답했다. 회사에 도착하니 팀원들도 이미 그 소식을 알고 있었고 그 앞에서 이야기를 꺼내는 게 자존심 상하고 괴로웠다.

어제 고객으로부터 프로젝트 중단 소식을 들은 뒤 마음이 복잡했다. 그 영향 때문인지 오늘 새벽에는 피곤해 늦게 일어났다. 아내가 "수영 가야지."라며 나를 깨워 급히 옷을 입고 수영장으로 향했지만 이미 20분이나 늦은 상태였다. 가는 내내 일이 잘 안 풀린다는 생각에 짜증이 났고 어제 일도 계속 떠올라 기분이 좋지 않았다.

얼마 전, 엄마는 출산이 임박한 누나를 돕기 위해 누나네 집 근처로 급히 이사를 가셨다. 이사를 서두르느라 전에 살던 집에 새 세입자를 구하지 못해 빈집 월세를 계속 내고 있는 상황이었다. 엄마도 그 일로 많이 걱정하고 계셨고, 나도 마음이 무거웠다. 프로젝트 실패에 이어 가족 문제와 경제적 부담까지 겹치니 머릿속이 복잡하고 짜증이 몰려왔다. 모든 일이 한꺼번에 쏟아지는 듯해 마음이 더 힘들었다.

잘되고 있는 것들에 집중하기

문득 이런 생각이 들었다. 내가 너무 안 되는 것들만 생각하고 있는 건 아닐까? 사실 내 삶에서 내가 말한 몇 가지 문제를 제외하면 나머지 것들은 감사할 것들로 가득 차 있었다. 건강이 있어서 매일 운동할 수 있고 직장이 있어 다양한 경험을 할 수 있으며, 경제적 여유 덕분에 지금의 삶을 유지할 수 있었다.

생각해 보니, 정말 그랬다. 안 되는 몇 가지에만 신경을 쓰다 보니 이미 잘되고 있는 것들에 대해 감사하지 못하고 있었다. 당장 눈앞의 문제들에 집중하느라 내 삶에서 잘되고 있는 것들을 제대로 보지 못한 것이다. 내가 걱정했던 문제들은 아무리 신경 써도 달라지지 않는 것들이었다. 그런데도 나는 그런 문제들에 너무 많은 에너지를 쏟고 있었다.

인생은 원래 완벽하지 않다. 모든 일이 항상 잘 풀리지는 않는다. 누구나 크고 작은 문제를 겪으며 살아간다. 중요한 것은 그 문제들이 우리 삶을 흔들지 않도록 하는 것이다. 우리는 모든 상황을 통제할 수 없지만, 그 속에서 어떻게 반응할지는 선택할 수 있다. 문제를 마주할 때, 그것을 단지 장애물로만 보지 않고 새로운 기회로 바라보는 시각이 필요하다.

실패는 그 자체로 의미가 있다. 단순히 끝이 아닌 성장의 과정이며 다음 도전을 위한 중요한 경험이 된다. 실패를 통해 더 깊이 깨닫고 좌절을 넘어설 때 비로소 진짜 성장이 이루어진다. 성공은 결과가 아니라 그런 경험이 쌓여 가는 과정에서 빛을 발하는 것이다.

작은 성공을 축하하며

큰 성공만이 중요한 것은 아니다. 작은 성공과 성취도 충분히 의미가 있다. 오늘 일찍 일어나 운동을 했다면 그것도 성공이다. 업무를 잘 마쳤거나 가족과 시간을 보냈다면 그것 역시 성공이다. 책 한 페이지를 읽거나 해야 할 일을 미루지 않고 제때 처리했다면 그 또한 작은 성취다. 이런 작은 성공을 스스로 축하하는 습관을 들여보자. 작은 성취들이 모여 큰 성과로 이어진다는 사실을 잊지 말자.

일이 계획대로 풀리지 않을 때도 있다. 그럴 때마다 '왜 이렇게 안 될까?' 라고 자책하는 대신, '이 어려움도 내가 잘 버티고 있구나, 이건 기회야.'라 고 생각해 보자. 생각을 조금만 바꾸면 더 긍정적인 에너지를 얻고 한결 가 벼운 마음으로 하루를 보낼 수 있다.

결국 중요한 것은 내가 무엇에 집중하는가이다. 잘되는 것들에 감사하 고 안 되는 것들은 삶의 작은 일부임을 받아들이면, 우리는 더 긍정적인 태 도로 살아갈 수 있다. 오늘도, 내일도, 잘되는 것들에 감사하며 하루를 시 작해 보자. 우리 삶은 발견하지 못한 작은 기쁨들로 가득하다. 그 기쁨들 을 찾아내고 소중히 여길 때 비로소 더 행복한 삶을 살 수 있을 것이다. 문 제를 어떻게 바라보느냐에 따라 그것은 나를 힘들게 하는 장애물이 아니라 성장의 기회로 변할 수 있다.

경험, 삽질의 가치

> 아무리 듣고 배워도 직접 해 보는 것만큼 확실한 것은 없다. 실패를 두려워하지 말고 오늘부터 새로운 경험에 도전해 보자.

흔히 "백문이 불여일견"이라는 말을 한다. 백 번 듣는 것보다 한 번 보는 게 낫다는 뜻으로, 직접 해 봐야 제대로 알 수 있다는 의미다. "먹어 봐야 맛을 안다."는 말도 비슷하다. 아무리 설명을 들어도 직접 경험해 봐야 무엇인지 알 수 있다. 결국, 이 말들은 우리가 살아가면서 직접 경험하는 것이 얼마나 중요한지를 잘 보여 준다.

나 역시 이 말을 절실히 깨달았던 적이 있다. 이전 회사에서 엑셀로 작업할 때가 그랬다. 월별 판매 데이터, 재고 관리, 거래처 정보를 하나하나 손으로 정리하고 엑셀에 입력하는 일이 너무나 비효율적으로 느껴졌다. '이렇게 힘든 일을 왜 계속해야 하지?'라는 생각이 떠나지 않았다. 문제 해결 방법을 몰랐고, 결국 기존 방식을 계속 답습할 수밖에 없었다.

하지만 직접 작업하면서 배울 점도 많다는 걸 깨닫게 되었다. 데이터를 하나하나 손으로 입력하다 보니 어떤 부분이 비효율적인지 명확히 보였고, 자연스럽게 더 나은 방법을 찾기 시작했다. 수식을 활용해 자동화를 시도하고 데이터를 시각화해 보고서를 만들면서 업무 효율성은 크게 향상됐다. 이 과정을 통해 엑셀 실력도 많이 늘었고 업무를 보는 시야도 넓어졌다. 문제 해결 능력뿐 아니라 창의적인 사고도 함께 길러졌다. 처음엔 단순히 반복적인 '노가다'처럼 느껴졌던 일이 돌이켜보니 나를 성장시키는 중요한 과정이었던 것이다.

엑셀 노가다에 대한 설명을 듣고 이해하는 것은 누구나 할 수 있다. 하지만 직접 그 일을 해 보며 얻는 깨달음은 설명만으로는 결코 얻을 수 없다. 맛집 정보를 아무리 찾아보고 음식 사진을 봐도 직접 먹어 보지 않고는 그 진정한 맛을 알 수 없는 것처럼 말이다. 경험은 단순한 지식을 넘어 우리의 생각과 감정을 변화시키는 강력한 힘을 가진다. 직접 부딪혀보는 그 과정에서만 얻을 수 있는 교훈이 있다.

내가 엑셀 작업을 하며 느꼈던 비효율과 답답함도 그랬다. 단순히 남의 이야기가 아니라, 나의 경험이 되었을 때 비로소 문제를 인식하고 개선할 방법을 찾게 되었다. 경험을 통해 배우는 것은 단순히 엑셀 실력을 넘어, 문제 해결 능력과 새로운 시각을 길러 준다.

우리는 가끔 무언가를 알고 있다고 착각한다. 책을 읽고, 강의를 듣고, 다른 사람의 이야기를 들으면 마치 그것을 경험한 것처럼 느낀다. 하지만 실제로 해 보면 완전히 다르다는 걸 깨닫게 된다. 머리로 이해하는 것과 몸으로 체득하는 것은 그 깊이와 무게가 다르다. 어떤 일이든 직접 해 봐야 진짜로 알 수 있다. 아는 것 같아도 해 보면 다르다. 경험하는 것과 아는 것의 차이는 직접 해 봐야만 깨달을 수 있다.

이러한 경험의 중요성은 도요타의 '카이젠' 철학에서도 잘 드러난다. 카이젠은 끊임없는 개선을 의미한다. 작은 개선이라도 끊임없이 시도하고 그 결과를 현장에서 확인하는 것이다. 도요타는 직원들이 현장에서 문제를 발견하고 해결 방안을 찾으며, 이를 통해 품질을 높이고 생산성을 끌어올렸다. 이 사례는 이론이 아닌 직접 경험을 통해 얻은 통찰이 혁신을 이끌어 낼 수 있음을 보여 준다.

고(故) 이건희 삼성 회장은 실패하는 경험은 성공을 위해 반드시 필요한 과정이라고 강조했다. 그는 "실수는 많이 하면 할수록 재산이 되고 재산이 되면 강한 힘이 된다."라고 말하며, 실패를 피하려는 것이 오히려 더 큰 비용을 치르는 일이라고 했다. 삼성을 성장시키는 과정에서 수많은 실패를 겪었지만, 경험을 통해서만 실패와 성공을 구분할 수 있다는 그의 말은 경험의 가치를 다시 생각하게 만든다.

경험은 단순히 무언가를 해 봤다는 것 이상의 의미를 가진다. 그 과정에서 우리는 예상치 못한 감정과 통찰을 얻는다. 실패나 실수도 그 경험 안에서 가치가 생기고 그로 인해 우리의 시야가 넓어진다. 경험을 통해 세상을 더 깊이 있게 이해하고 성숙한 인간으로 성장할 수 있다.

지금 바로 첫 삽을 떠라

지금 머릿속에 떠오르는 아이디어가 있는가? 하고 싶은 일이 떠오르지만, 두려움 때문에 망설이고 있지는 않은가? 완벽한 계획을 세우기 위해 시간을 보내기보다는 일단 시작해 보는 것이 더 중요하다. 실패할 수도 있고 계획대로 흘러가지 않을 수도 있다. 하지만 괜찮다. 실패는 배움의 기회이자 성장의 밑거름이 된다. 경험을 통해 얻게 되는 깨달음은 실패가 있었기 때문에 더 값지고 빛날 수 있다. 실패가 무서워 시작을 미루지 말자. 경험이 쌓일 때, 성장은 이루어진다.

처음에는 방향이 틀리거나 비효율적일 수 있다. 하지만 직접 부딪히며 얻는 깨달음은 그 어떤 이론보다도 강력한 힘을 가진다. 내가 쌓은 경험은 시간이 지나도 나를 지탱하는 자산이 된다. 그리고 그 자산은 실패와 성공을 반복하면서 점차 단단해진다. 경험을 통해 얻은 통찰력은 책이나 강의에서 얻을 수 없는 깊이를 가지며, 그 경험은 앞으로 더 나은 선택을 할 수 있게 돕는다.

지금 당장 삽질을 시작하라! 완벽한 타이밍을 기다리기보다는 현재 주어진 상황 속에서 도전하고 경험하는 것이 훨씬 더 큰 가치를 지닌다. 내일을 기다릴 필요 없다. 지금이 바로 내가 배우고 성장할 최고의 기회다. 삽을 들어 첫 시도를 하는 순간, 이미 반은 성공한 셈이다.

아는 것과 행하는 것의 차이

일상을 바꾸는 초긍정 마인드셋

아는 것보다 실천하는 것이 중요하다. 두려움을 이겨내고 작은 변화부터 시작하면 진정한 성장을 이룰 수 있다.

다음 주 저자 특강을 앞두고 불안감이 몰려왔다. 회사에서 발표하거나 제품 설명을 하는 것과는 달리 내 이야기를 낯선 사람들 앞에서 나눠야 한다는 게 부담스러웠다. 회사 일은 익숙하지만, 내 개인적인 이야기를 처음 보는 사람들에게 들려주는 건 처음이라 어떻게 시작해야 할지, 또 어떻게 의미 있는 시간을 만들 수 있을지 고민이 많았다.

그 걱정을 아내에게 털어놓았을 때, 아내는 따뜻하게 조언해 줬다. "80점만 목표로 해. 너무 완벽하게 하려고 하지 말고, 자신감 있게 재미있게 해봐." 그 한마디가 큰 위로가 되었다. 그 말을 듣고 나서야 완벽하지 않아도 된다는 생각에 편안한 마음으로 특강을 준비할 수 있었다.

며칠 전 '80점의 미학'이라는 글을 썼다. '잘하려고 애쓸수록 오히려 역효과가 나고, 힘을 빼고 자연스럽게 할 때 더 좋은 결과가 나온다.'라는 내용이었다. 이미 알고 있는 내용이었지만, 정작 내 삶에서는 그것을 제대로 적용하지 못하고 있다는 사실을 깨달았다.

이 일을 통해 아는 것의 진짜 의미에 대해 다시 생각하게 되었다. 얼마 전 내가 누군가에게 책을 추천했을 때, 그분은 "다 아는 내용이네요. 새로운 게 없어요."라며 책을 대충 넘겼다. 그 순간, 정말 그분이 그 책의 모든 내용을 알고 있었을까 하는 의문이 들었다.

우리는 흔히 몇 번 들어본 이야기라면 이미 알고 있다며 쉽게 생각하는 경향이 있다. 하지만 '아는 것'과 '그것을 알고 실천하는 것'은 다르다. 수영 동작을 책이나 영상으로 배워도 실제로 물속에서 연습해 보지 않으면 소용이 없는 것처럼 말이다.

우리는 다이어트, 건강, 성공에 대한 수많은 정보를 이미 알고 있다. 어떻게 살을 빼야 하는지, 어떻게 건강해질 수 있는지, 어떻게 성공할 수 있는지에 대한 방법들을 수도 없이 들어왔다. 하지만 그걸 아는 것과 실제로 실천하는 건 다르다. 알고만 있을 뿐, 그 지식을 삶에 적용하지 못하는 경우가 많다. 진정으로 아는 것은 단순히 정보를 아는 것이 아니라 그걸 행동으로 옮기고 실천하는 것이다.

행복해지는 방법을 알고 있으면서도 왜 우리는 실제로 행복을 느끼지 못할까? 이유는 간단하다. 우리가 그 지식을 제대로 실천하지 않기 때문이다. 진정으로 알았다면 이미 행동으로 옮겼을 것이다.

책에서 배운 내용을 실천하는 것은 단순히 '아는 것'과는 완전히 다른 문제다. 누구나 운동이 건강에 좋다는 것을 알고 있지만, 매일 꾸준히 운동하는 것은 쉽지 않다. 이 작은 행동이 얼마나 어려운지, 그리고 그걸 꾸준히 실천하는 게 얼마나 힘든지 직접 해 본 사람만이 느낄 수 있다.

아는 걸로 끝내지 말고, 직접 해 보자

행동하는 사람들은 말과 행동을 지키는 게 얼마나 어려운지 알기 때문에 함부로 말하지 않는다. 직접 실천해 본 사람일수록 그 무게를 알기에 조용히 자신만의 길을 간다. 말 한마디, 작은 행동 하나가 어떤 영향을 미칠지 알기 때문에 더 신중하다. 그들은 작은 실천이 큰 변화를 만든다는 걸 체감하고 있다.

우리는 성공한 사람들을 보며 '운이 좋았겠지.'라고 쉽게 생각할 때가 있다. 하지만 그 뒤에는 보이지 않는 수많은 노력과 인내가 있다. 성공한 사람들은 목표를 이룬 것이 운이 아닌, 꾸준한 도전과 시간이 만든 결과임을 알고 있다. 그래서 다른 사람을 섣불리 판단하지 않고, 오히려 더 이해하고 존중한다.

아는 것과 행하는 것은 완전히 다르다. 우리는 이 차이를 인식하고, 알고

일상을 바꾸면 인생이 바뀐다

있는 것을 행동으로 옮기는 게 얼마나 중요한지 깨달아야 한다. 작은 행동을 실천하는 것이 어려운 이유는 꾸준함이 필요하기 때문이다. 이 작은 노력이 큰 성과로 이어지는 이유도 여기에 있다.

 작은 변화나 시도를 위해 애쓰는 사람들은 보이지 않는 곳에서 많은 노력을 하고 있다. 사람마다 나아가는 속도도 다르고, 힘들어하는 부분도 다르다. 그렇기 때문에 그들의 어려움을 쉽게 판단하거나 평가하기보다는 이해하고 존중하는 마음을 가질 수 있어야 한다.

 아는 것과 행하는 것에는 분명한 차이가 있다. 알고 있다고 해서 행동으로 옮길 수 있는 것도 아니다. 그래서 작은 것이라도 실천하는 사람들은 이미 자신과의 싸움에서 이기고 있는 것이다. 그들이 해내는 작은 실천은 결국 큰 변화를 만들어 내고 그 변화를 통해 더 나은 자신으로 성장해 간다.

 우리도 그들처럼 작은 것부터 시작해야 한다. 완벽하지 않더라도 꾸준히 한 걸음씩 나아가는 것이 중요하다. 진정한 변화는 생각에 머물지 않고 행동으로 옮기는 사람들만이 경험할 수 있다. 작은 실천이 쌓여 우리를 성장시키고 삶을 더 나은 방향으로 이끌어 줄 것이다.

하고 싶은 일을 위한 9가지 하기 싫은 일

일상을 바꾸는 초긍정 마인드셋

> 하기 싫은 순간을 이겨 내는 힘이 목표를 이루는 원동력이 된다. 그 과정을 버텨 낼 때 더 큰 성취와 기쁨이 찾아온다.

우리 모두는 인생에서 이루고 싶은 목표가 있다. 하지만 그 목표를 이루기 위해서는 험난한 여정을 견뎌내야 한다. 때로는 하기 싫은 일들을 마주하고 때로는 포기하고 싶은 유혹에 빠지기도 한다. 하지만 그 모든 어려움을 이겨 내고 목표를 이뤘을 때의 기쁨과 성취감은 그 무엇과도 비교할 수 없는 값진 선물이 된다.

나는 매일 새벽 수영을 한다. 알람이 울릴 때마다 이불 속에서 꿈쩍도 하기 싫은 마음과 싸우며 간신히 몸을 일으킨다. 해도 뜨지 않은 깜깜한 새벽 5시, 차가운 공기를 가르며 수영장으로 향하는 길은 솔직히 말해 고행에 가깝다. 특히 겨울에는 물에 발을 담그는 것조차 망설여진다. 하지만 막상 물속에 들어가면 온몸이 깨어나는 듯한 상쾌함과 함께 힘차게 물살을 가르는 내 모습에 뿌듯함을 느낀다. 수영을 마치고 나면 몸은 물론 마음까지 개운해지고 활력이 넘친다. 이 만족감은 새벽 수영의 고됨을 잊게 만들고 나를 다시 물속으로 이끌어 준다.

성취를 위한 끊임없는 노력

10년 넘게 외국계 기업에서 B2B 영업을 해 온 나에게도 하기 싫은 순간은 늘 찾아온다. 매일 아침, 컴퓨터 앞에 앉아 낯선 고객에게 메일을 보내고 거절의 답변을 받는 일은 지겹고 가끔은 절망스럽다. 새로운 고객을 계속 찾아야 하고 때로는 무례한 사람들을 웃으며 맞이해야 하는 일은 몸과 마음을 지치게 한다.

하지만 그 힘든 과정을 이겨내고 계약이 성사될 때 느끼는 성취감은 그 모든 노력을 보상해 준다. 마치 힘든 등반 끝에 정상에 올랐을 때의 감동처럼 그 순간만큼은 세상을 다 가진 듯한 기분이다. 그 짜릿함이 다시 나를 일으켜 세우고, 더 높은 목표를 향해 나아가게 만든다.

전 축구 국가대표 구자철 선수는 축구를 하며 기쁨을 느끼는 날이 365일 중 30일도 안 된다고 고백한다. 나머지 날들은 훈련으로 힘들고 지치지만, 30일도 안 되는 행복을 위해 묵묵히 훈련을 견딘다 했다. 새로운 기술을 익히고 연습한 전략이 경기에서 성공했을 때 느끼는 쾌감이 그를 계속 뛰게 만든다. 그의 이야기는 우리에게 성공이 단지 결과가 아니라 그 과정에서

흘린 땀과 노력으로 이루어진다는 중요한 교훈을 준다.

큰 목표를 이루려면 먼저 작은 목표부터 설정하고 매일 그 목표를 향해 노력하는 것이 중요하다. 작은 목표를 하나씩 달성하면서 자신감을 얻게 되고 더 큰 목표로 나아갈 힘이 생긴다. 힘든 과정을 꾸준히 반복하며 몸과 마음을 단련하고 하기 싫은 일도 긍정적으로 생각하는 것이 필요하다.

고통 속에서 피어나는 성공의 꽃

성공한 사람들의 화려한 모습 뒤에는 숨겨진 노력과 희생이 있다. 그들은 끊임없이 자신을 채찍질하고 실패를 두려워하지 않는다. 그들은 배우고 성장한다. 그들이 견디는 이유는 힘든 과정을 이겨 내고 얻은 한 번의 성과가 결국 모든 것을 보상한다는 걸 알기 때문이다.

삶의 모든 일이 그렇다. 빛나는 성공과 달콤한 열매는 쉽게 얻어지지 않는다. 그 뒤에는 늘 우리가 외면하고 싶은 숨겨진 노력과 희생이 존재한다. 남들이 부러워하는 모습은 그저 빙산의 일각일 뿐, 그 아래에는 수많은 고통과 인내의 시간이 켜켜이 쌓여 있다. 그러니 타인의 빛나는 모습에 현혹되어 좌절하거나 부러워할 필요가 없다. 그들 역시 나와 같은 평범한 사람이며 단지 남들이 하기 싫어하는 일들을 해냈을 뿐이다.

진정으로 중요한 것은 내가 원하는 것이 무엇인지 그리고 그것을 얻기 위해 어떤 노력을 기꺼이 감수할 수 있는지 스스로에게 묻는 것이다. 당신

일상을 바꾸면 인생이 바뀐다

은 진짜 원하는 걸 위해 하기 싫은 일을 얼마나 견딜 각오가 되어 있는가? 수많은 하기 싫은 일들 속에서 나의 꿈을 찾고 그 꿈을 향해 나아가는 용기를 가지는 것이 중요하다. 그것이 바로 나의 삶을 진정으로 빛나게 하는 길이다.

하고 싶은 일을 이루기 위해 해야 할 하기 싫은 일들은 마치 숨겨진 문과 같다. 그 문을 열지 않으면 절대 다음 단계로 나아갈 수 없다. 그냥 피하고 싶은 일들을 해내고 나면, 그동안 보지 못했던 기회와 가능성들이 보이기 시작한다. 이 과정을 겪으면서 우리는 더 유연해지고, 생각지도 못한 능력을 발견하게 된다. 중요한 건 그 일이 하고 싶은 일과 연결되어 있다는 사실을 잊지 않는 것이다.

하기 싫은 일을 견디는 것은 결국 당신이 진정으로 하고 싶은 일을 마음껏 누릴 수 있게 만들어 주는 과정이다. 만약 그 하기 싫은 일들이 없었다면, 목표에 도달할 길조차 보이지 않았을 것이다. 힘든 순간마다 그 과정을 버텨 내는 힘이 쌓여 차근차근 목표에 다가가게 된다. 그렇게 하나씩 어려움을 이겨내다 보면 어느새 목표에 한 발 더 다가선 자신을 발견하게 된다. 그리고 그때, 힘들었던 순간들이 모두 중요한 밑거름이었음을 깨닫게 될 것이다.

잘하고 싶다면 오래 해야 한다

일상을 바꾸는 초긍정 마인드셋

> 오늘도 한 걸음씩 나아가자. 완벽하지 않아도, 더디더라도 괜찮다. 중요한 것은 방향을 잃지 않고 계속 나아가는 것이다. 꾸준한 노력과 인내가 결국 우리를 목표에 이르게 할 것이다.

당신은 얼마나 오래 끈기 있게 노력할 수 있는가? 우리는 누구나 자신이 하는 일에서 뛰어나기를 꿈꾼다. 공부든 운동이든 일이든 영어든 분야를 막론하고 우리는 더 나아지고 싶은 열망을 품고 있다. 하지만 목표를 이루는 일은 절대 쉽지 않다. 우리는 언제나 즉각적인 변화와 빠른 성장을 기대하지만 진짜 성과는 꾸준한 노력과 인내에서 나온다. 성공은 단번에 이루어지는 것이 아니라, 오랜 시간 동안 차근차근 이루어 가는 것이다.

이직 후 새로운 환경에서 빠르게 성과를 내고 싶어 남들보다 두 배로 노력하며 밤늦게까지 일했던 적이 있다. 매일 최선을 다했지만 몇 달이 지나도 기대했던 성과는 나오지 않았다. 오히려 나보다 덜 노력하는 것처럼 보이는 사람들에게 뒤처지는 기분이 들 때마다 좌절감에 사로잡히곤 했다. 그때는 모든 걸 포기하고 싶은 생각마저 들었다. '내가 이만큼이나 했는데 왜 결과는 이렇게 안 나올까?'라는 생각이 머릿속을 떠나지 않았다.

하지만 그 상태로 계속 주저앉을 수는 없었다. 상황을 탓하기보다 문제를 해결하고 앞으로 나아가는 것이 더 중요하기 때문이다. 나는 내가 부족한 부분을 솔직하게 인정하고 이 시간을 나 자신을 더 발전시키는 기회로 삼기로 마음먹었다. 그리고 더 큰 목표를 바라보기보다는 당장 할 수 있는 일에 집중하기로 했다. 작은 일이라도 하나씩 성취하면서 내 자신감을 다시 채워 나가기 시작했다.

조금씩 작은 성공을 쌓아 가면서 마음속의 조급함이 사라졌다. 작은 목표들을 달성할 때마다 '이제 잘하고 있구나.'라는 자신감이 생겼고 업무 성과도 자연스럽게 따라왔다. 결국 시간이 지나면서 내가 원하던 성과에 도달할 수 있었고 그 과정을 통해 인내와 꾸준함의 중요성을 다시 한번 배울 수 있었다.

요즘 아들에게 그네 타는 법을 가르치고 있다. 처음엔 아무리 '다리를 앞뒤로 움직여봐.'라고 알려줘도 아들은 몸을 웅크린 채 겁먹은 표정만 지었다. 하지만 나는 포기하지 않고 매일 놀이터에 나가 그네를 밀어주며 용기를 북돋아 주었다. 며칠 동안은 혼자 힘으로 그네를 움직이지 못했지만, 어느 날 갑자기 "아빠! 나 봐!"라고 외치며 혼자 그네를 타기 시작했다. 그 순간, 나는 무엇이든 잘하려면 꾸준히 오랜 시간 노력해야 한다는 중요한 깨달음을 얻었다.

아들이 그네를 배우는 데 며칠이 걸렸듯, 나 역시 업무에서 성과를 내기까지 시간이 필요했다. 처음부터 완벽할 수는 없었다. 실패하고 넘어지며 배워가는 과정이 중요했다. 아들이 그네 타는 법을 터득하기까지 여러 번 연습하고 시도했던 것처럼, 나도 계속 노력하면서 점차 나아갈 수 있었다.

모든 일에는 시간이 걸린다. 씨앗이 싹을 틔우고 꽃을 피우는 데 시간이 걸리듯 우리의 노력도 시간이 지나야 결실을 맺는다. 조급해하지 말고, 꾸준히 노력하고 기다린다면 우리는 원하는 목표를 이루고 성장한 자신을 발견하게 될 것이다.

다시 도전하는 용기

결국, 무언가를 잘하고 싶다면 가장 중요한 것은 오래 하는 것이다. 완벽함을 추구하기보다는 지금 내가 할 수 있는 일에 집중하고 매 순간 최선을 다하는 태도가 필요하다. 시간이 지나면서 자연스럽게 실력이 쌓이고 성장한 자신을 발견할 수 있을 것이다. 이러한 성장은 단기간에 이루어지지 않으며 끊임없는 노력과 오랜 시간의 연습이 필수적이다.

모든 사람은 실패와 어려움을 겪는다. 이는 누구나 겪는 자연스러운 과정이다. 만약 지금 힘든 시기를 겪고 있다면 그것을 다시 도전할 기회로 받아들이자. 성공한 사람들은 대부분 이런 과정을 거치며 성장해 왔다. 처음부터 잘하는 사람은 없다. 중요한 것은 끊임없이 배우고 계속해서 노력하는 자세다. 오래 하다 보면 누구든지 잘하게 된다.

포기하지 않고 자신의 길을 걸어가는 과정에서 우리는 성장하고 발전한다. 아이가 처음 그네를 탈 때처럼 처음엔 불안하고 균형 잡기가 어려워 몇 번이고 넘어질 수도 있다. 하지만 반복할수록 점차 그네를 자유롭게 타는 법을 몸에 익히고 결국에는 능숙하게 발을 굴리며 하늘 높이 올라가는 자신을 발견하게 된다. 이 과정에서 중요한 것은 완벽한 출발이 아니라, 꾸준히 시도하고 넘어져도 다시 일어나려는 의지다.

우리의 삶도 이와 비슷하다. 당장 눈에 띄는 성과가 없을 수 있다. 열심히 노력하고 있지만 결과가 쉽게 따라오지 않을 때는 누구나 지치고 좌절할 수 있다. 하지만 그럴 때일수록 멈추지 않고 한 걸음 한 걸음 앞으로 나아가는 것이 중요하다.

중요한 것은 속도가 아니라 방향이다. 완벽하지 않아도 괜찮고 더디더라도 상관없다. 중요한 것은 가고자 하는 길을 포기하지 않고 걸어가는 것이다.

새로운 자극이 가져온 변화

오늘 새벽에도 평소처럼 수영장에 갔다. 몇 달째 어깨 통증이 이어져서 요즘 운동할 때마다 컨디션이 별로다. 예전처럼 힘차게 수영하기는 힘들어서 그냥 몸을 푼다는 생각으로 가볍게 움직였다. 매일 똑같은 루틴에 익숙한 사람들과 함께 대충 운동하고 넘어간 날도 많았다.

그런데 오늘은 우리 레인에 낯선 얼굴들이 보였다. 평소보다 사람이 적어서 옆 레인에 있던 몇몇 사람들이 우리 레인으로 옮겨온 것이다. 옆 레인은 우리 레인보다 수영 수준이 낮은 편이라 내심 속으로 '뭐야, 왜 여기로 오는 거지?' 하는 생각이 들었다.

하지만 막상 함께 수영을 시작하니 묘한 기분이 들었다. 옆 레인에서 온

분들은 분명 나보다 실력이 부족했지만 그들의 존재가 나를 자극했다. '혹시 내가 저 사람들보다 못해 보이면 어쩌지?' 하는 생각이 들면서 갑자기 경쟁심이 불타올랐다.

갑자기 온몸에 힘이 들어가고 팔을 휘젓는 속도가 빨라졌다. 평소에는 신경 쓰지 않던 자세 교정에도 신경을 쓰기 시작했다. 어깨 통증도 잊은 채 몇 번이고 호흡을 참으며 빡세게 운동을 했다. 옆 레인에서 온 사람들을 의식하며 수영하는 내 모습이 낯설면서도 재미있었다.

수영을 마치고 샤워를 하면서 문득 이런 생각이 들었다. '뭐지? 갑자기 왜 이렇게 열심히 하게 된 거지?' 곰곰이 생각해 보니, 답은 간단했다. 경쟁심이라는 새로운 자극이었다.

우리는 늘 가까이 있는 것들의 소중함을 잊고 살아간다. 매일 타는 자동차, 매일 출근하는 직장, 매일 함께하는 가족. 너무 익숙해서 그 가치를 느끼지 못하고 당연하게 여긴다. 하지만 뜻밖의 상황이나 새로운 자극을 마주할 때 우리는 잊고 있던 열정과 의욕을 되찾곤 한다. 누군가 그것을 빼앗으려 하거나, 또는 남보다 내가 더 좋은 것을 가지고 있다는 걸 깨닫는 순간, 우리는 그것을 지키기 위해 필사적으로 노력하게 된다.

사람은 본능적으로 손실을 두려워하고 가지고 있는 것을 잃을 위기에 처하면 그 가치를 더 소중하게 여긴다. 오늘 수영장에서의 작은 경쟁도 그랬다. 옆 레인 사람들과의 예상치 못한 경쟁이 내 안에 잠자고 있던 승부욕을 자극했고 그 덕분에 평소보다 더 열심히 수영했다.

이 경험을 통해 익숙한 환경을 벗어나 새로운 자극을 받는 것이 얼마나 중요한지 깨달았다. 반복되는 일상과 같은 사람들 속에서 우리는 쉽게 무뎌질 수 있다. 하지만 새로운 사람을 만나고 낯선 곳을 방문하고 새로운 취미를 시작하는 작은 변화들이 우리의 감각을 깨우고 삶에 활력을 더해 준다. 익숙함에 머무르지 않고 변화에 열려 있을 때 삶은 더 풍요로워진다.

손실 회피 심리를 이용한 동기 부여 전략

이런 손실 회피 심리는 우리에게 강한 동기 부여가 될 수 있다. 일상에 젖어 매너리즘에 빠지거나 목표를 잃고 방황하거나 무기력해질 때, '지금 내가 가진 것을 잃을 수도 있다.'라는 생각이 강한 자극이 된다.

예를 들어, 반복되는 야근과 상사의 잔소리로 직장의 소중함을 잊고 있다가 갑작스러운 구조조정 소식을 들었다고 상상해 보자. '이 직장을 잃으면 어떡하지? 생활을 어떻게 이어갈까? 다른 곳에서 내 능력을 인정받을수 있을까?' 하는 불안이 밀려오면서, 그제야 안정적인 월급과 동료들과의 관계가 얼마나 소중한지 절실히 느끼게 된다.

또는 자주 야식을 먹고 운동을 하지 않아 건강이 점점 나빠지는 걸 느끼면서도, 별일 아니라고 생각하다가 어느 날 갑작스럽게 질병 진단을 받게 되면 '큰 병에 걸리면 어쩌지? 내 삶은 어떻게 될까?' 하는 두려움이 생긴

일상을 바꾸면 인생이 바뀐다

다. 그제서야 건강하게 지내는 일상이 얼마나 큰 축복인지 깨닫게 되는 것이다.

바쁜 일상에 치여 가족이나 주변 사람들에게 소홀했던 경험은 누구나 있을 것이다. 그러다 관계가 멀어지거나, 예상치 못한 이별을 겪게 되면 '소중한 사람들과의 관계를 더 소중히 여길걸.' 하고 후회하게 된다. 그때서야 그들의 존재가 내 삶에 얼마나 큰 의미였는지, 함께한 시간이 얼마나 귀중했는지 깨닫게 되는 순간이 찾아온다.

우리는 잃을 뻔한 순간이나 잃을지도 모른다는 두려움을 통해 잊고 있던 소중함을 깨닫는다. 그리고 그 소중한 것들을 지키기 위해 더 열심히 노력하게 된다. 이러한 경험은 우리에게 새로운 자극이 되어 더 나은 방향으로 성장할 기회를 준다. 소중한 것은 잃고 나서야 그 가치를 알게 되지만, 잃기 전에 그 가치를 알고 지키려는 마음이 삶을 더 감사하고 행복하게 만든다. 지금 곁에 있는 사람들과 내가 가진 것들에 감사하는 마음이야말로 우리 삶에 따뜻한 활력을 불어넣고 더 나은 미래로 나아가는 힘이 될 것이다.

넘어져도 괜찮아, 다시 일어서면 돼

일상을 바꾸는 초긍정 마인드셋

> 넘어질 때마다 더 단단해지고, 일어설 때마다 더 강해진다. 오늘의 도전이 내일의 성장을 만든다. 넘어짐은 끝이 아니라 시작이다.

토요일 오후, 아이의 넘치는 에너지를 풀어주기 위해 집 근처 롤러스케이트장으로 향했다. 나는 어릴 적 아버지와 함께 자주 탔던 기억이 있어 롤러스케이트가 익숙했지만 아내와 아들에게는 오늘이 첫 경험이었다.

오랜만에 신는 롤러스케이트가 처음엔 어색했지만 몇 번 왔다 갔다 하니 금방 몸이 기억을 되찾았다. 자연스럽게 롤러스케이트장을 누비는 나와는 달리 아내와 아들은 상황이 달랐다. 신발을 신는 것부터 어려워하더니 간신히 일어서려다 중심을 잃고 비틀거렸다. 아내는 난간을 잡고 겨우 균형을 잡았고 아들은 몇 걸음 나가다 바로 엉덩방아를 찧었다.

롤러스케이트장에 들어서자 아내는 다리를 후들거리며 한 걸음 내딛기도 어려워했다. 아들은 겁 없이 앞으로 나가보려 했지만, 몸이 마음대로 움직이지 않아 이리저리 휘청거리며 계속 넘어졌다. 그 모습을 보니 웃음이 나왔다. 하지만 동시에 처음 롤러스케이트를 탔을 때의 내 모습도 별반 다르지 않았을 거라는 생각에 웃음 뒤로 묘한 감정이 느껴졌다.

나는 아이 곁에 바짝 붙어 "무릎을 살짝 굽히고 팔을 앞으로 뻗어 봐!"라며 자세를 잡아 주려 했다. 직접 시범도 보였지만, 아이는 내 말을 따라 하려다 자꾸만 중심을 잃고 넘어졌다. 옆에서는 또래 아이들이 쌩쌩 달리며 웃고 떠드는 모습이 보였고 그 모습을 보니 나도 모르게 마음이 조급해졌다. "좀 더 힘을 줘 봐!", "발을 넓게 벌려!" 점점 더 많은 요구를 쏟아냈다.

아무리 팔을 잡아 주고 넘어질 때마다 일으켜 세워도 아이는 쉽게 균형을 잡지 못했다. 몇 번은 뒤로 넘어져 머리를 부딪힐 뻔한 위험한 순간도 있었다. 그때 문득 내가 복싱을 처음 배웠을 때가 떠올랐다. 코치가 자세를 교정해 주고 펀치 기술을 알려줬지만, 정작 링 위에서 상대의 펀치를 맞기 전까지는 제대로 이해하지 못했던 내 모습이 떠올랐다.

그 순간 깨달았다. 아무리 옆에서 도와주고 조언해도 스스로 넘어지고 일어서는 과정을 겪지 않으면 소용이 없다는 것을. 내가 링 위에서 직접 맞고 배우며 성장했듯, 아이도 넘어지고 다시 일어서는 경험을 통해 배워야 한다는 걸 느꼈다. 결국, 직접 부딪히고 겪어 보는 과정이 진정한 성장으로 이끄는 것이다.

아이를 보며 문득 인생이 롤러스케이트장과 닮았다는 생각이 들었다. 아무리 옆에서 친절하게 설명하고 잡아줘도 결국은 스스로 균형을 잡고 앞으로 나아가는 법을 터득해야 한다. 넘어지고 무릎이 깨지는 아픔을 겪어 봐야 비로소 중심을 잡는 요령을 알게 되고, 결국 능숙하게 롤러스케이트를 탈 수 있게 된다.

우리의 인생도 이와 다르지 않다. 우리는 수많은 시행착오 속에서 성장한다. 실패와 좌절을 경험해 봐야 비로소 깨달음을 얻고 더 강해질 수 있다. 물론 누군가의 조언과 도움이 큰 힘이 되지만, 결국 자신의 삶은 스스로 개척해야 한다. 아이가 넘어질 때마다 일으켜 세워주고 싶은 마음을 꾹 참았다. 아이는 비틀거리면서도 다시 일어섰고 몇 번이고 넘어져도 포기하지 않고 계속 도전했다.

그런 아이의 뒷모습을 바라보며 넘어짐이 결코 실패가 아니라는 생각이 들었다. 넘어짐은 배움의 과정일 뿐이며 그 과정을 통해 우리는 더 단단해진다. 아이가 넘어지면서 배우고 그 경험으로 성장해 가는 모습을 보며 나도 앞으로 수많은 넘어짐을 경험하겠지만 아이처럼 다시 일어설 용기를 내야겠다고 다짐한다.

넘어짐 속에서 배우다

넘어짐은 끝이 아니라 새로운 시작이다. 그 시작을 통해 우리는 더 나은 사람이 되어간다. 앞으로 어떤 어려움이 닥쳐도 그때마다 다시 일어서며 나는 한 걸음씩 성장할 것이다. 아들처럼 넘어져도 포기하지 않고 계속해서 도전하는 마음으로 말이다.

롤러스케이트장을 나서는 아이의 얼굴에는 땀방울과 함께 미소가 번져 있었다. 비록 아직은 서툴지만, 아들은 자신의 힘으로 롤러스케이트를 타는 즐거움을 알게 되었다. 아이의 뒷모습을 보며 삶의 의미를 되새겼다.

넘어지고 일어서기를 반복하며 앞으로 나아가는 것, 그것이 바로 삶의 본질이다. 때로는 넘어져 상처 입고 좌절할 수도 있지만 중요한 것은 포기하지 않고 다시 일어서는 것이다. 자기 힘으로 일어서 앞으로 나아갈 때, 삶의 진정한 의미를 발견할 수 있다.

오늘 롤러스케이트장에서의 경험은 내게 잊지 못할 추억을 주었다. 아이의 손을 잡고 집으로 돌아가는 길, 앞으로 우리 가족이 함께 넘어지고 일어서며 성장해 나갈 모습을 상상했다. 그 과정에서 느낄 기쁨과 행복이 클 것이라는 믿음도 생겼다.

당신도 오늘, 혹은 내일, 한번 용기를 내어 당신만의 '롤러스케이트'를 타 보는 건 어떨까? 넘어지고 깨지더라도 다시 일어서면서, 당신 안에 숨겨진 새로운 힘을 발견할 수 있을지도 모른다.

그 과정에서 느끼는 좌절감마저도 결국은 당신을 더 단단하게 만들어 줄 것이다. 중요한 건 완벽한 출발이 아니라 계속해서 도전하는 용기다.

일상을 바꾸면 인생이 바뀐다

실행이 답이다

> 성공은 화려한 비법이 아니라 지금 할 수 있는 작은 실천에서 시작된다. 구체적인 목표를 세우고, 실행하고, 개선하라. 이 단순한 반복이 당신의 삶을 바꾼다.

초복 날, 동료들과 함께 흑염소탕을 먹으러 갔다. 날씨도 덥고 몸도 지쳐 있었지만 뜨거운 탕을 먹으면서 이런저런 이야기를 나누다 보니 시간 가는 줄 몰랐다. 나이가 들수록 건강에 대한 관심이 커지다 보니 자연스럽게 대화는 '살을 빼고 몸을 건강하게 만드는 방법'으로 흘러갔다. 동료들은 각자 알고 있는 운동법과 식단에 대해 열심히 얘기했다. 어떤 운동이 가장 효과적인지, 어떤 음식이 몸에 좋은지에 대한 의견이 오가며 논쟁이 벌어졌다.

하지만 몇 시간씩 운동을 해도 왜 변화가 없는지 고민하는 동료들의 결론은 비슷했다. "나는 원래 물만 먹어도 살이 찌는 체질이라 아무리 운동해도 효과가 없더라.", "먹는 양은 별로 없는데 왜 이렇게 살이 찌는지 모르겠어."라는 말을 서로 주고받았다.

나는 속으로 이렇게 말하고 싶었다. '사실, 방법은 간단해요. 밥을 조금 덜 먹고, 운동을 꾸준히 하면 돼요. 그게 전부예요.' 알고 보면 단순한 내용이지만 그 단순한 것을 꾸준히 실천하는 게 생각보다 쉽지 않다는 것이 문제다.

얼마 전, 한 동료가 내게 물었다. "어떻게 그렇게 신규 고객을 많이 만나세요?" 사실 특별한 비결은 없었다. 내가 한 건 내가 할 수 있는 것들을 꾸준히 하는 것뿐이었다. 회사 콘텐츠를 내 블로그에 올리고 가끔 외부 커뮤니티에 나가 고객들과 소통하며, 고객 리스트에 있는 사람들에게 연락하는 일이 전부였다.

업무를 하면서 매일 2~3개의 글을 블로그에 올리고 신규 고객들과 연락을 주고받는 것이 쉬운 일은 아니다. 하지만 그 과정에서 이전에는 만나지 못했던 고객들을 알게 되고 미팅을 통해 프로젝트에 대한 논의도 하며 우리 시스템을 소개할 기회도 생긴다. 신규 고객이 내 블로그를 보고 "블로그 잘 보고 있습니다."라고 말할 때면 그동안의 노력이 헛되지 않았다는 생각에 작은 보람을 느끼기도 한다.

결국 중요한 건 특별한 비결이 아니라, 할 수 있는 것들을 꾸준히 실행하는 힘이었다. 작지만 지속적인 행동들이 쌓여 어느 순간 새로운 기회를 만들어 주는 것이다.

세상에는 성공의 비법이 넘쳐나지만, 정작 가장 중요한 것은 단순하다. 바로 실행하는 것이다. 사람들은 복잡한 방법을 찾고 새로운 지식을 얻으려 하지만 중요한 건 이미 알고 있는 것들을 꾸준히 실천하는 것이다. 실행은 특별한 기술이나 복잡한 계획이 아니라 지금 할 수 있는 작은 일부터 시작하는 것이다. 그러나 이 단순함이 오히려 더 어렵게 느껴질 때가 있다. 두려움, 게으름, 그리고 미루는 습관이 발목을 잡기 때문이다.

많은 사람들이 "어떻게 하면 될까요?"라고 묻지만, 답은 이미 우리 안에 있다. 아무리 좋은 계획도 행동으로 옮기지 않으면 소용이 없다. 실행은 생각을 현실로 만든다. 복잡한 비법을 찾기보다 지금 당장 할 수 있는 일부터 시작하는 것이 더 중요하다. 작은 실천이라도 꾸준히 이어 가면 큰 변화를 경험하게 된다. 중요한 것은 시작하는 용기다. 이제, 실행력을 높이기 위한 3단계 전략을 소개하고자 한다.

첫째, 구체적인 목표를 설정하라

막연한 목표는 방향을 잃기 쉽다. 예를 들어 "다이어트를 하겠다."라는 목표 대신 "한 달에 5kg 감량"과 같은 구체적인 목표를 세우는 것이 좋다. 이렇게 명확하고 측정 가능한 목표는 행동에 방향을 제시하고 성취감을 느끼게 한다.

목표를 달성하기 위해 단계별 계획을 세우고, 실천 가능한 루틴을 만들어라. 계획은 현실적이고 무리가 없어야 하며, 주변의 도움을 받거나 함께 목표를 달성할 동료를 찾는 것도 좋은 방법이다.

실천하는 과정에서 발생하는 문제를 파악하고 개선해 나가라. 작은 성공을 축하하고 스스로에게 보상을 주는 것도 동기부여에 도움이 된다. 실패를 두려워하지 말고, 그것을 배움과 성장의 기회로 삼는 것이다.

이 세 가지를 끊임없이 반복하자. 반복할수록 경험이 쌓이고 점차 목표에 가까워지게 된다. 작은 변화가 쌓여 큰 성과로 이어지며, 성공의 사이클이 형성된다.

꾸준히 무언가를 해내며 성과를 쌓아 가면 삶은 서서히 달라지기 시작한다. 처음에는 작은 변화로 보일지 몰라도 어느새 주변 사람들은 당신의 노력을 알아보고 칭찬하기 시작할 것이다. 그들의 인정과 지지는 당신에게 더 큰 힘이 되어 자신감을 키우고 그 자신감은 더 높은 목표를 향해 나아가는 발판이 된다.

꾸준히 하는 습관 자체가 당신을 성장시키고, 매일의 노력은 당신뿐만 아니라 주변 사람들에게도 긍정적인 영향을 미친다. 작은 변화들이 쌓여 큰 차이를 만들고 그 과정에서 당신은 스스로에 대한 자부심을 느끼게 된다.

이제 복잡한 계획에만 머물지 말고 작은 실천으로 나아가야 할 때다. 매일 조금씩이라도 꾸준히 행동에 옮기면 그 힘은 점차 커져 결국 당신을 꿈꾸는 목표로 이끌 것이다.

제4장

행복,
일상 속 작은 기쁨

인생이라는 선물

> 좋은 일이든, 예상치 못한 시련이든 중요한 건 그 순간에 긍정적인 마음으로 맞서는 것
> 이다. 포기하지 않고 할 수 있는 것에 집중하면 예상치 못한 행운과 기회가 찾아온다.

인생은 포장지를 뜯기 전의 선물 상자와 같다. 안에 무엇이 들어 있을지, 어떤 놀라움이 기다리고 있을지 전혀 알 수 없다. 때로는 환한 웃음을, 때로는 쓰라린 눈물을 선물할지도 모른다. 하지만 그 예측할 수 없는 순간들 속에서 우리는 삶의 진정한 아름다움을 발견하게 된다.

며칠 전, 회사 행사에 참석해 주신 고객님께 뜻밖의 선물을 받았다. 원래 다른 고객님이 참석하기로 되어 있었는데, 행사 하루 전날 갑자기 취소하는 바람에 난감한 상황이 생겼다. 급하게 이번 고객님께 연락을 드려 상황을 설명했더니 흔쾌히 참석해 주셨다.

행사가 무사히 끝나고 다음 일정으로 이동하려고 할 때, 고객님이 나를

부르셨다. 그리고 차 트렁크에서 커다란 레고 상자를 꺼내 건네주셨다. 전혀 예상하지 못한 일이었다. 사실 내가 더 감사해야 할 상황에서 고객님은 오히려 나에게 "참여할 기회를 주셔서 감사하다."라며 선물을 주신 것이다.

나는 그저 내 일을 했을 뿐이었지만 고객님이 고마움을 표현해 주셔서 감동했다. 그 레고 상자는 단순한 선물 이상의 의미였다. 그 순간, 나도 더 열심히, 그리고 진심을 다해 일해야겠다는 생각이 들었다. 고객님의 작은 배려가 나에게는 큰 책임감으로 다가왔고, 내가 하는 일이 얼마나 소중한지 다시 느낄 수 있었다.

사실, 처음에 행사에 참석하기로 한 고객이 갑자기 취소했을 때는 정말 모든 걸 포기하고 싶었다. 행사 준비가 한순간에 물거품이 되는 것 같았고 막막하고 답답한 마음이 컸다. 하지만 포기할 수 없었다. 다시 마음을 다잡고 다른 고객들에게 연락했고 다행히 새로운 고객을 모실 수 있었다. 그 덕분에 행사는 무사히 진행되고, 생각지도 못한 따뜻한 마음도 받을 수 있었다.

이번 경험을 통해 나는 인생이 끊임없는 기회로 가득 차 있다는 걸 다시 한번 느꼈다. 포기하지 않고 계속 시도하는 것이 얼마나 중요한지도 깨달았다. 거절당하거나 갑작스러운 일정 변경은 누구에게나 일어날 수 있는 일이다. 중요한 건 긍정적인 마음으로 도전하고 해결할 수 있는 일에 집중하는 것이다. 그러다 보면 예상치 못한 새로운 길이 열리기도 한다는 걸 배

일상을 바꾸면 인생이 바뀐다

웠다.

고객님은 예상보다 행사에 만족하며 준비된 프로그램에 적극적으로 참여해 주셨다. 그 덕분에 다음 프로젝트에 나를 초대하며 더 큰 기회를 제안해 주셨다. 이번 경험을 통해, 노력은 예상치 못한 방식으로 성과를 가져올 수 있다는 것을 다시 한번 깨달았다. 작은 시도와 꾸준한 도전이 결국 더 나은 기회를 불러온다는 사실을 직접 경험한 순간이었다.

맑은 날씨처럼 찾아온 뜻밖의 행복

오늘 아침, 부모님께서 이사를 하셨다. 장마철에 호우주의보까지 내려 걱정이 많았다. 기상청에서도 계속 비가 온다고 했으니 상황이 좋지 않았다. 그런데도 어머니는 새벽 기도와 중보기도로 맑은 날씨를 위해 기도하셨다. 놀랍게도 이삿날 아침, 하늘은 거짓말처럼 맑게 개어 있었다. 엄마는 담담하게 "기도했으니 비가 안 오겠지."라고 말씀하셨다.

장마철에 비 예보가 계속되는 상황에서도 엄마는 할 수 있는 일에 집중하며 기도하고 계셨던 것이다. 그 끈기와 믿음이 하늘에 닿았던 걸까? 예상치 못한 맑은 날씨는 우리 가족에게 주어진 작은 기적 같은 선물이었다. 마치 비구름 속 숨겨진 무지개처럼, 때로는 우리 삶 속에서 예상치 못한 행운이 찾아와 더 빛나게 만들어 주는 것 같다.

이 경험을 통해, 우리가 할 수 있는 것에 집중하고 포기하지 않는 마음이 얼마나 큰 힘이 되는지를 느꼈다. 엄마의 믿음과 기도가 보여 준 이 맑은 하늘처럼, 우리도 어려운 순간을 넘어서면 뜻밖의 행복을 만날 수 있을 것이다.

인생은 예측할 수 없는 일들로 가득하지만 그 속에서 우리는 끊임없이 배우고 성장한다. 때로는 뜻밖의 선물을 받기도 하고 때로는 예상치 못한 시련을 마주하기도 한다. 하지만 감사하는 태도로 하루하루를 살아간다면 우리는 더 강해지고 현명해질 것이다. 인생의 진짜 힘은 그 속에서 배우고 성장하는 우리의 태도에서 나오기 때문이다.

인생이라는 선물 상자를 열 때마다 어떤 일이 벌어질지 우리는 알 수 없다. 좋은 일이든, 나쁜 일이든 그 순간 긍정적인 마음으로 해결할 수 있는 문제에 집중하고 최선을 다한다면, 우리는 그 과정을 통해 성장하고 발전할 수 있다. 좌절하지도, 교만에 빠지지도 말고 묵묵히 자신의 길을 걸어가다 보면 예상치 못한 행운과 기회가 찾아올 것이다. 오늘도 뜻밖의 선물을 기대하며, 감사하는 마음으로 하루를 살아가자.

일상을 바꾸면 인생이 바뀐다

2

작은 행복과 큰 행복

일상을 바꾸는 초긍정 마인드셋

일상 속 작은 기쁨을 놓치지 말고 지금 이 순간을 즐겨라. 작은 행복이 큰 행복을 만든다.

매년 아내의 생일이 다가오면 우리 집은 한 달 전부터 축제 분위기가 된다. 아내는 이 기간을 생일 주간이라 부르며 온 가족과 함께 그 기쁨을 나누고 싶어 한다. 매번 아내의 생일 선물을 준비하지만 마음만큼 좋은 선물을 해 주지 못한 것 같아 늘 미안한 마음이 있었다. '언젠가는 더 좋은 선물을 해 줘야지.' 하면서도, 아내의 기대에 부응하지 못하는 기분이 들곤 했다.

얼마 전부터 아내가 자주 하던 목걸이가 색이 바랬다며 새 목걸이를 은근히 이야기하기 시작했다. '사달라는 신호인가?' 싶었지만, 이번 생일만큼은 아내에게 특별한 선물을 해 주고 싶었다. 퇴근길 백화점에 들러 큰맘 먹고 좋은 목걸이 하나를 샀다. 집에 돌아와 몰래 숨겨두고 아들에게 깜짝선물 작전을 설명했다.

작전은 이랬다. 아내가 퇴근하고 피곤해할 때쯤 아들이 다가가서 "엄마, 이거 뭐게?"라며 선물 상자를 건네주기로 한 것이다. 아무런 기대 없이 선물을 받아 든 아내가 상자를 열었을 때 눈이 휘둥그레질 순간을 상상하니 나도 신이 났다.

마침내, 아들이 건넨 상자를 아내가 열자 반짝이는 목걸이를 보고 깜짝 놀라며 환하게 웃었다. 아내의 깜짝 놀란 얼굴과 기쁨이 가득한 표정을 보니 나도 덩달아 행복했다. 예상치 못한 선물이 주는 즐거움에 아내가 크게 기뻐하는 모습을 보며 이번 생일이 특별해진 것 같았다.

일상 속에 숨겨진 행복 찾기

아내의 생일을 맞아 처가에 방문했다. 장모님이 정성껏 차려 주신 밥을 맛있게 먹고 가족들과 즐거운 시간을 보냈다. 잠시 아이를 장모님께 맡기고 아내와 단둘이 근처 쇼핑몰에 들렀다. 원래는 구경만 하러 간 거였는데, 생각지도 못하게 마음에 드는 옷들이 눈에 들어왔다. 게다가 세일 중이라 부담 없이 쇼핑을 즐길 수 있었다.

평소 내 체형에 맞는 옷을 찾기가 쉽지 않아 맞는 옷이 있으면 여러 벌 사는 편이다. 그런데 이번에는 운 좋게도 마음에 드는 옷들이 많았다. 여러 벌을 골라 계산할 때 보니 얼마 전 아내에게 선물한 목걸이 가격에 비하면 정말 저렴했다. 이렇게 마음에 드는 옷들을 잔뜩 사고 나니 그 소소한 즐거움이 나를 한없이 행복하게 만들었다.

아내에게 "나는 생일에 큰 선물 필요 없으니, 이런 작은 행복을 분기마다 누리게 해 줘."라고 농담처럼 말하자 아내는 웃으며 그렇게 해 주겠다고 대답했다. 소소한 기쁨이 주는 행복이 얼마나 큰지 새삼 느껴지는 순간이었다.

나는 특별한 순간보다는 오히려 일상 속 작은 순간들에서 더 자주 행복을 느낀다. 주말에 가족과 함께 치킨이나 피자를 시켜 먹으며 웃고 떠드는 시간, 처가나 본가에서 먹는 집밥과 과일, 그리고 좋아하는 사람들과 밥을 먹고 커피를 마시며 수다를 떠는 시간들이 그렇다.

아침 운동 후 마시는 시원한 아이스 아메리카노 한 잔, 아이와 놀이터에서 함께 뛰어노는 순간도 큰 행복이다. 일을 더 잘해 보려 고민하고 바로 시도해 보는 것, 좋은 생각이 떠오를 때마다 메모하는 작은 습관도 나를 기쁘게 한다. 이렇게 소소한 일상이 바로 나에게 큰 행복이 되는 순간들이다.

물론, 주변에는 이직 후 연봉이 오르거나 진급하면서 큰 행복을 느꼈다고 말하는 사람들이 있었다. 또, 차를 사거나 집을 마련하면서 성취감에서 오는 기쁨을 이야기하는 친구들도 있었다. 그들은 이런 큰 성취가 주는 행복이 더 크고 값지다고 생각한다. 나 역시 이직 후 연봉이 올랐을 때의 만족감, 새 차를 샀을 때의 설렘, 내 집을 마련했을 때의 벅찬 기쁨을 경험해 봤다.

하지만 돌이켜보면, 그런 큰 행복이 생각보다 오래가지 않았다. 시간이 흐르면서 새로운 것에 대한 설렘은 점점 사라지고 바쁜 일상 속에서 다시 공허함이 찾아왔다. 큰 행복을 바라며 살다 보니 일상 속 작은 즐거움들은 점점 느끼지 못하게 됐다. 매번 그런 큰 행복만을 기다리며 보내기엔, 소중한 하루하루가 그냥 흘러가는 게 아쉽다는 생각이 들었다.

그래서 나는 큰 행복을 기다리기보다는 일상에서 찾을 수 있는 작은 행복들에 더 집중하게 되었다. 가족과 함께 보내는 평범한 순간들, 하루 속에서 느끼는 소소한 기쁨들이 오히려 더 오래가고 깊은 행복을 준다는 걸 깨달았다. 작은 행복들이 쌓여 나를 더 행복하게 만들어 준다는 사실을 알게 된 것이다.

행복은 거창한 것이 아니다. 우리 주변에 늘 존재하는 작은 기쁨들을 발견하고, 감사하는 마음으로 살아가는 것이 진짜 행복을 찾는 방법이다. 나도 오늘, 작은 행복들을 하나씩 모아 큰 행복을 만들어 가고 있다. 당신도 일상 속에서 작은 행복을 찾아 누리며 더 큰 기쁨과 만족을 느끼길 바란다.

일상을 바꾸면 인생이 바뀐다

3

덜어낼수록 행복해진다

이번 주까지 수영장이 휴가 기간이라 잠시 문을 닫았다. 그래서 요즘은 매일 아침, 수영 대신 근처 대학교 운동장에서 5km를 뛴다. 나가기 전까지는 귀찮고 여러 핑계를 대지만, 막상 뛰고 나면 상쾌하고 뿌듯하다. 숨이 차오르고 다리가 풀릴 것 같아도 멈추지 않고 달린다. 달리는 동안 복잡했던 생각들이 정리되고 문제 해결의 실마리가 떠오르기도 한다. 땀으로 흠뻑 젖은 몸을 샤워로 씻어 내면 새로운 하루를 선물 받은 듯한 기분이 든다.

오늘은 운동을 마치고 아내의 생일을 맞아 근사한 호텔 뷔페를 제안했다. 그런데 아내가 뜻밖의 대답을 했다. "뷔페 말고 점심은 집에서 간단히 먹고 디저트 먹으러 가는 게 어때?" 평소 같았으면 뷔페를 마다하지 않았을 아내가 오늘은 다른 생각을 하고 있는 것 같았다.

아내는 덧붙여 말했다. "뷔페는 좋은데, 항상 과식해서 속이 불편하더라고. 너무 많이 먹고 나면 나중에 후회하게 돼." 그 말을 듣고 보니 나 역시 비슷한 생각이 들었다. 맛있는 음식을 마음껏 즐길 수 있다는 장점은 있지만, 늘 과식으로 이어져 후회한 적이 많았다. 끝없이 펼쳐진 음식들이 처음에는 신나게 느껴지지만, 결국 평소보다 많이 먹고 배가 터질 듯한 상태로 식당을 나서게 된다. 그 후로는 하루 종일 속이 더부룩하고 몸이 무거워져 컨디션이 좋지 않았다.

그런데 아내가 제안한 디저트는 평소라면 쉽게 경험하지 못할 이런 특별한 날에만 느낄 수 있는 즐거움 같았다. 편안한 분위기 속에서 여유롭게 디저트를 즐기고 싶은 아내의 마음이 전해졌다. 아내의 제안은 우리 부부에게 더 특별하고 의미 있는 시간을 보내고 싶다는 마음에서 나온 것 같았다. 역시, 내 아내는 참 현명하다. (적은 돈으로도 행복을 느낄 줄 안다니까!)

절제는 행복의 시작

간헐적 단식은 처음엔 힘들었지만 이제는 익숙해져서 편안하다. 습관이 되기 전에는 배고픔을 참는 것이 고통스러웠다. 하지만 끊임없이 음식을 섭취하는 것보다, 몸에 쉬는 시간을 주는 것이 훨씬 낫다는 걸 몸으로 느끼고 있다. 공복 시간 동안 몸은 스스로 정화하고 식사 때는 더 건강하게 음식을 받아들인다. 덕분에 음식을 감사한 마음으로 먹게 되고 몸도 가벼워 져 삶에 활력이 생긴다.

술을 끊었을 때도 주변에 걱정이 많았다. "술 없이 무슨 재미로 사냐", "술 안 먹고 영업을 어떻게 하냐?"라는 말을 들었다. 그러나 술 없는 삶은 생각보다 훨씬 풍요로웠다. 이전에는 느끼지 못했던 다른 차원의 만족감을 주었다. 맑은 정신으로 일에 집중하니 업무 효율이 높아지고 다음 날 후회 할 일도 없어졌다. 신뢰를 쌓고 더 열심히 일할 수 있게 되었다. 숙취로 고 생하지 않아 몸도 마음도 가벼웠다. 술값, 택시비, 해장 비용 등을 절약해 더 가치 있는 곳에 쓸 수 있었다. 절약한 돈으로 가족과 여행을 가거나, 자 기 계발을 위한 수업을 듣거나, 원하는 물건을 살 수 있었다. 술을 멀리하 며 얻은 건강, 시간, 돈은 삶의 질을 높여주었다.

유재석의 지혜

배우 전도연이 국민 MC 유재석에게 "사람들도 많이 만나지 않고 술도 안 마시면 무슨 재미로 사냐."고 묻자, 유재석은 이렇게 답했다. "시끌벅적 한 술자리나 많은 사람들과의 만남보다, 일상에서 느끼는 소소한 행복이 더 즐겁다." 그는 가족이나 가까운 동료들과 함께 웃고 떠들며 운동하는 소 소한 순간들이 오히려 더 큰 재미와 행복을 준다고 말했다.

삶을 절제하며 살다 보면, 예전엔 보이지 않던 소소한 행복들이 눈에 들어온다. 과식의 유혹을 이겨내고 적당히 먹었을 때 느끼는 몸의 가벼움과 건강함, 졸린 눈을 비비며 억지로 시작한 운동 후 샤워를 마치고 느끼는 상쾌함은 의외로 큰 만족감을 준다.

시끌벅적한 술자리의 즐거움은 잠깐이지만, 가족과 함께 보내는 시간은 오래도록 따뜻한 기억으로 남는다. 함께 밥을 먹고, 이야기를 나누고, 웃음을 공유하는 평범한 일상이 삶의 진정한 활력소가 된다.

절제는 물질적인 풍요보다 더 중요한 가치를 일깨워 준다. 꼭 많은 돈이 있어야 행복한 것은 아니다. 있는 것을 아끼고 절약하며 충분히 만족하며 살 수 있다. 충동적인 소비를 줄이고 저축과 투자를 통해 경제적 안정감과 마음의 평화를 얻을 수 있다. 절제는 단순히 욕망을 억누르는 것이 아니다.

더 큰 만족과 행복을 위한 현명한 선택이다. 절제를 통해 불필요한 것들을 비우고 진정으로 중요한 것들에 집중할 수 있다. 그 과정에서 삶의 진정한 가치와 행복을 발견하게 된다.

절제하는 삶은 내일을 기다리게 만든다. 오늘의 절제가 내일의 더 큰 기쁨을 가져다주기 때문이다. 오늘의 운동은 내일의 건강을, 오늘의 저축은 내일의 안정을, 오늘의 절제는 내일의 행복을 약속한다. 이런 삶이 계속되면 더 건강하고 풍요로워진다. 절제는 더 나은 내일을 선물하고 그 기대감은 삶을 더 즐겁게 만든다.

작은 것의 가치

눈에 띄지 않는 사소한 순간들을 놓치지 말고 그 안에서 가능성을 찾아보자. 매일의 작은 습관들이 쌓여 어느새 삶을 더 나은 방향으로 이끌어 줄 것이다.

작은 것이 결코 작지 않다는 깨달음은 많은 사람들의 삶을 변화시키는 힘을 지니고 있다. 얼마 전, 커리어 멘토와 대화를 나누다가 흥미로운 이야기를 들었다. 나는 최근 영업 실적이 기대에 미치지 못하고 업계 상황도 좋지 않아, 고객을 만나거나 새로운 기회를 찾는 일이 어렵다는 고민을 털어놓았다. 할 일이 많지 않은 상황에서 실적을 올릴 만한 방법을 찾는 것조차 막막하다고 솔직하게 말했다.

그때 멘토는 우리가 일상에서 쉽게 지나치고 사소하게 여기는 작은 생각이나 아이디어들이 얼마나 중요한지 이야기해 주었다. "특히 바쁘지 않거나 당장 성과를 내기 어려운 상황일수록, 이런 작은 것들에서 새로운 영감과 기회를 찾는 것이 필요하다."라고 조언했다.

그 말을 듣고 나는 내가 이미 알고 있었지만 놓치고 있던 부분이 무엇인지 다시 생각하게 되었다. 당장 실적에 큰 도움이 되지 않을 것 같은 작은 일들, 예를 들어 신문이나 기사를 읽고 고객 동향을 파악하는 것, 다른 나라의 사례나 트렌드를 연구하는 것, 책을 읽으며 아이디어를 얻는 것들이 단순한 시간 낭비가 아니라는 사실을 깨달았다. 이런 작은 노력들이 결국 성과를 만드는 중요한 밑거름이 될 수 있다는 걸 알게 된 것이다.

시간이 지나면서 멘토의 조언이 내 삶과 일에 얼마나 큰 영향을 미쳤는지 깨닫게 되었다. 그 조언이 오랜 경험에서 나온 깊은 통찰이었음을 다시 느끼고 있다.

작은 생각의 큰 힘

우리는 일상 속에서 스쳐 지나가는 생각이나 영감을 사소하게 여긴다. 산책을 하거나 일하는 중에 혹은 샤워나 청소를 할 때 문득 떠오르는 아이디어가 있을 수 있다. 대부분은 그냥 스쳐 지나가는 생각이라며 대수롭지 않게 넘기지만 사실 이런 작은 생각들이 모여 큰 변화를 만들어 낼 수 있다.

실제로, 스타벅스의 창업자 하워드 슐츠는 커피 한 잔을 마시며 떠오른 아이디어를 통해 스타벅스를 전 세계적인 브랜드로 성장시켰다. 이 외에도 많은 사업가들이 커피를 마시거나 휴식을 취하는 등 일상적인 순간에 떠오른 영감에서 성공적인 사업을 일구었다. 커피 한 잔의 여유가 때로는 놀라운 영감을 줄 수 있다는 것을 보여 주는 좋은 예시들이다. 만약 그들이 그

일상을 바꾸면 인생이 바뀐다

작은 생각을 무시했다면, 지금의 성공은 없었을지도 모른다.

　나는 하루를 마무리할 때 잠시라도 오늘의 좋았던 순간들을 되돌아보는 습관을 들이고 있다. 단 몇 분 동안이라도 하루를 돌아보며 기분 좋았던 일이나 내가 작게나마 기여한 순간들을 떠올리는 것이다. 예를 들어, 동료에게 따뜻하게 인사했던 순간처럼 사소한 일이라도 생각해 보면 마음에 평화가 찾아온다. 이러한 습관은 감사의 마음을 키우고, 일상 속에서 행복을 찾게 한다. 매일 잠깐씩이라도 감사의 마음을 가지는 것은 큰 차이를 만든다. 감사일기를 쓰지 않더라도 자기 전이나 오고 가는 길에 습관적으로 '감사합니다.'라고 중얼거리거나, 하루에 억지로라도 감사한 것 세 가지를 떠올려보는 것만으로도 충분하다. 이렇게 의도적으로 감사의 마음을 연습하다 보면 그 순간이 감사로 가득 차게 되고 기분까지 좋아지는 것을 경험할 수 있다.

작은 행동이 모여 큰 성과를 이룬다

　새벽에 일어나 5분 정도 짧은 기도로 하루를 시작한다. 이 짧은 시간이 마음을 차분하게 하고, 하루를 어떻게 보낼지 정리하는 데 큰 도움이 된다. 밤에는 가족들과 함께 5분 정도 시간을 내어 하루 동안 감사했던 일과 힘들었던 일을 나눈다. 서로의 이야기를 들으며 하루를 되짚어 보고, 마지막에는 감사한 마음으로 함께 기도하고 잠자리에 든다.

이 작은 습관들이 쌓여 가면서 나뿐만 아니라 가족 모두에게도 하루를 더 의미 있게 마무리하는 시간이 되었다. 덕분에 서로 긍정적인 영향을 주고받으며 더 따뜻하게 하루를 끝낼 수 있게 되었다.

우리는 보통 큰 변화가 거창한 결심이나 대단한 노력에서 나온다고 생각한다. 하지만 실제로는 작은 행동들이 모여 삶에 놀라운 변화를 일으킨다. 짧은 기도, 잠깐의 산책, 깊은 심호흡 같은 사소한 행동들이 꾸준히 쌓이면, 예상치 못한 긍정적인 변화를 가져올 수 있다.

성공한 사람들도 이런 간단한 습관들을 실천하고 있다. 그들은 바쁜 일상 속에서 기도로 마음을 다스리고, 산책을 통해 영감을 얻으며, 심호흡으로 스트레스를 해소한다. 작은 습관들이 결국 그들의 삶을 변화시킨 것이다.

오늘부터 이런 작은 습관들로 하루를 시작해 보자. 깊은 심호흡으로 마음의 긴장을 풀고 짧은 산책으로 신선한 공기를 마시며 활력을 되찾아 보자. 짧은 기도로 마음을 정리하는 것도 좋은 방법이다. 처음엔 별것 아닌 것처럼 보일 수 있지만, 시간이 지나면 삶에 긍정적인 변화가 일어나고 있음을 느끼게 될 것이다.

일상을 바꾸면 인생이 바뀐다

삶의 소중함을 깨닫는 법

일상을 바꾸는 초긍정 마인드셋

평범한 순간들을 감사히 여기고 소중히 할 때, 우리의 삶은 더 특별해진다. 오늘의 감사가 내일의 행복을 만든다.

바쁜 일상 속에서 우리는 삶의 소중함을 잊고 살기 쉽다. 매일 반복되는 일과 쏟아지는 정보 속에서 중요한 것들을 놓치고 있는 건 아닌지 생각해 보게 된다. 일에 치이고 바쁜 일정을 따라가다 보면, 살아가는 느낌보다는 그냥 하루를 버티고 있는 것처럼 느껴질 때가 있다.

하지만 삶의 소중함을 깨닫는 순간이 오면, 평범한 일상도 다르게 보이기 시작한다. 소중한 사람들과 함께하는 시간이 얼마나 귀한지, 매일의 작은 순간들이 얼마나 특별한지 새삼 느끼게 된다. 이런 깨달음은 우리가 일상 속에서 삶의 의미를 찾고 행복을 느끼는 데 큰 힘이 된다.

며칠 전 가족과 함께 다녀온 삼척 여행은 삶의 소중함을 다시 느끼게 해 주었다. 푸른 바다와 맑은 공기 속에서 가족과 함께한 시간은 그 자체로 선물이었다. 출발 전에는 장마 소식에 걱정이 많았지만, 다행히도 화창하고 멋진 날씨가 반겨주었다. 푸른 하늘과 맑은 바다, 그 순간을 가족과 함께할 수 있다는 것만으로도 감사했다.

휴가 중에도 울리는 휴대폰 벨소리에 잠시 현실로 돌아가는 듯했지만, 곧 '그래도 내가 회사에서 필요한 사람이구나.'라는 생각이 들며 오히려 고마운 마음이 생겼다. 쉬는 동안에도 일이 주는 보람을 느끼면서 일과 휴식의 균형이 얼마나 중요한지 생각하게 되는 순간이었다.

여행 중 방문한 국내 최대 규모의 동굴, 환선굴은 또 다른 삶의 깨달음을 주었다. 약 5억 3천만 년 전에 형성된 이 석회암 동굴은 동양에서 가장 큰 크기를 자랑하며, 안으로 들어서면 웅장한 자연의 경이로움이 펼쳐진다. 수백만 년 동안 만들어진 거대한 종유석과 석순들은 마치 자연이 만든 거대한 조각품 같았다. 동굴의 거대한 공간 속에서 인간이 얼마나 작고 연약한 존재인지, 그리고 자연의 힘 앞에서 겸손해질 수밖에 없다는 생각이 들었다.

동굴로 들어가는 길은 험난한 암벽을 깎아 만든 길과 계단들로 이어져 있었는데 이를 보며 인간이 이루어 낸 성취에도 감탄하게 된다. 자연의 위대함과 인간의 노력이 어우러진 이 공간은 우리가 일상에서 쉽게 지나치는 작은 일들도 얼마나 소중한지 느끼게 해 주었다.

일상을 바꾸면 인생이 바뀐다

환선굴로 가는 모노레일 매표소에서도 예상치 못한 따뜻한 순간이 있었다. 표를 사려고 줄을 서 있는데, 앞사람이 갑자기 매표소 아주머니에게 선크림을 빌려달라고 하는 것이었다. 솔직히 좀 당황스러웠다. '여기서 선크림을 왜 찾지?' 하고, 매표소 아주머니도 불편해하실 줄 알았다. 그런데 아주머니는 환하게 웃으며 선크림을 종류별로 두 개나 내어주시고, 거울도 보라며 친절하게 챙겨주셨다. 그 모습을 보며 나도 잠시나마 그런 따뜻한 사람이 되고 싶다는 생각이 들었다. 아주머니의 작은 친절은 그날의 기억을 더욱 특별하게 만들어 주었다.

숨겨진 행복, 소소한 일상에서 찾다

삶의 소중함은 멀리 있는 것이 아니다. 바로 우리 일상 속 작은 순간들에 숨어 있다. 아침에 마시는 따뜻한 커피 한 잔, 좋아하는 음악을 들으며 출근하는 길, 가족과 함께 나누는 저녁 식사처럼 소소하지만 특별한 순간들이 진짜 소중함이다. 주변 사람들과의 관계를 더 귀하게 여기고 함께하는 시간을 감사하는 마음이 중요하다. 작은 노력으로 매일을 조금 더 특별하게 만들 수 있다.

많은 사람들은 목표를 이루는 것에만 집중하지만, 그 과정에서 느끼는 작은 순간들이 더 큰 의미를 가져다준다. 물론 성취도 중요하지만, 그 목표를 향해 나아가는 동안 경험하는 소소한 기쁨들이 우리를 더 행복하게 만든다.

평범한 하루 속에서도 작은 것에 감사하고 주변 사람들과의 관계를 소중히 여긴다면 우리는 더 행복하고 여유로운 삶을 살 수 있을 것이다. 삶의 소중함을 느끼는 건 우리 일상을 더 특별하게 만드는 힘이 있다.

때로는 이런 순간들이 너무 사소해서 쉽게 잊힐 수 있다. 하지만 잠시 멈추어 주변을 돌아보면 그 안에 담긴 행복을 발견할 수 있다. 커다란 성취가 없어도 작은 기쁨을 소중히 여길 때, 삶의 진정한 가치를 느낄 수 있다. 작은 기쁨을 찾기 위해 거창한 노력이 필요한 건 아니다. 주변의 소소한 일들에 눈을 돌리는 것만으로도 충분하다. 그런 작은 순간들이 모여 큰 행복을 만든다는 것을 깨닫는 것이 삶을 더 깊고 의미 있게 만드는 길이다.

결국, 삶의 소중함은 거대한 변화나 특별한 성취에서 오는 것이 아니라, 우리 주변에서 매일 경험하는 작고 평범한 순간들 속에 있다. 이러한 순간들을 소중히 여기고 그 속에서 기쁨을 찾을 때 우리는 진정한 행복을 누리게 된다. 일상의 작은 기쁨들을 놓치지 않고 감사하는 마음을 유지할 때 우리의 삶은 더 풍요롭고 의미 있게 채워진다.

결핍이 주는 선물

결핍은 흔히 부족함으로 느껴져 부정적으로 생각하기 쉽다. 많은 사람들이 부족한 것 때문에 힘들어하고 불평하지만, 사실 결핍은 우리를 성장하게 만드는 중요한 힘이 될 수 있다. 예를 들어, 경험이 부족한 상황을 생각해 보자. 어떤 새로운 일을 시작할 때 경험이 부족하면 우리는 더 많은 것을 배우기 위해 적극적으로 노력하게 된다. 이 과정에서 새로운 지식과 기술을 습득하고, 그 경험이 쌓이며 자신이 성장하는 것을 느낄 수 있다.

또 다른 예로, 자원이 부족한 상황을 들 수 있다. 선택의 폭이 좁고 자원이 한정되어 있을 때, 그 안에서 더 신중하게 선택하고 창의적인 해결책을 찾으려 한다. 이런 과정을 통해 문제를 해결하는 능력과 지혜가 생기게 된다. 결국, 결핍은 단순한 어려움이 아니라 그 속에서 자신의 능력을 발견하고 더 발전할 수 있는 기회가 된다.

결핍이 주는 선물

얼마 전, 지인이 해외 연수를 준비 중인 상사와 식사하며 나눈 이야기를 들려주었다. 그 상사는 회사에서 최연소 팀장이자 많은 사람들에게 존경받는 유능한 리더였다. 지인은 상사에게 평소 궁금했던 질문을 던졌다. "어떻게 해외 연수 기회를 잡으셨나요? 경쟁자도 많고, 인맥도 중요해서 쉽지 않았을 것 같은데요."

상사는 웃으며 자신의 이야기를 들려주었다. 그는 특별한 배경이나 화려한 인맥이 없었고 경제적으로도 여유롭지 않은 환경에서 자랐다. 남들처럼 도움을 받거나 쉽게 기회를 얻을 수 없다는 걸 알기에, 자신의 부족함을 느낄 때마다 오로지 실력을 키우는 데 집중했다고 말했다.

상사는 "남들보다 일찍 출근해 영어 공부에 몰두했어요. 매일 조금이라도 더 공부하려고 노력했죠. 주말에도 쉬지 않고 학원에 다니며 부족한 부분을 채워 갔어요. 내가 가진 것은 실력뿐이니, 그만큼은 누구도 반박할 수 없게 만들고 싶었어요."라고 덧붙였다.

그렇게 몇 년 동안 매일같이 꾸준히 노력한 끝에, 상사는 뛰어난 영어 실력을 인정받아 결국 회사에서 해외 연수 기회를 얻게 되었다. 단순히 운이 좋았던 것이 아니라 자신이 쌓아온 실력 덕분에 얻은 성과였다.

상사는 지인에게 이렇게 말했다. "경제적 여유가 없고, 인맥도 부족하다고 해서 포기하지 마세요. 대신, 실력으로 누구도 의심할 수 없게 준비하세요." 이 말은 결핍이 단순히 부족함이 아닌 더 나은 미래를 만들어 가는 원동력이 될 수 있음을 보여 준다. 부족함이 있기에 우리는 더 열심히 노력하게 되고, 그 과정에서 더 나은 자신을 만들어 가는 기회를 얻게 되는 것이다.

상사의 이야기는 결핍이 단지 어려움이 아니라 스스로를 발전시키고 더 나아가게 하는 강력한 힘이 될 수 있음을 일깨워 준다.

나 역시 비슷한 경험을 했다. 가정 환경, 학벌, 인맥 등 어느 것 하나 남들보다 나은 게 없었다. 사회생활을 시작할 때는 이런 현실이 불만이었지만 부족함을 인정하고 극복하기 위해 노력했다. 매일 출근 전에 영어학원에 다니며 공부했고 퇴근 후에는 여러 모임에 참석해 부족한 지식과 인맥을 쌓았다. 그렇게 조금씩 노력하다 보니 일도 더 잘하게 되고 업계 사람들과도 가까워질 수 있었다. 결핍이 있었기에 더 열심히 노력할 수 있었고, 그 덕분에 성장할 수 있었다.

간헐적 단식 주는 깨달음

올해 2월부터 간헐적 단식을 하고 있다. 저녁 8시부터 다음 날 오후 12시까지 16시간 동안 공복을 유지하는 방식이다. 상황에 따라 시간을 조정하기도 하지만, 정해진 규칙 속에서 식사 시간을 조절하면서 당연하게 여겼던 것들이 더는 당연하지 않게 느껴졌다. 단식을 마치고 처음 음식을 먹을 때, 음식을 준비하는 순간부터 한 입을 먹기까지 모든 과정이 감사하게 다가왔다. 간헐적 단식을 통해 일상에서 쉽게 지나쳤던 것들에 감사함을 느끼고 있으며, 앞으로도 이 과정을 통해 삶의 소중함을 더 많이 발견하고 싶다.

결핍을 부정적으로만 보지 않고 이를 성장의 기회로 삼는다면 더 큰 행복을 찾을 수 있다. 만약 삶에 부족함이 없고 모든 것이 풍족하다면 스스로 작은 규칙을 만들어 결핍을 경험해 보는 것도 좋은 방법이 될 수 있다. 간헐적 단식처럼 일정한 제약을 만들어 보면 평소에는 당연하게 생각했던 것들이 얼마나 소중한지를 깨닫게 된다. 이런 과정을 통해 우리는 더 큰 성취감을 느끼고 자신감도 키울 수 있다.

결핍은 우리를 좌절시키기 위한 것이 아니다. 오히려 더 나은 사람이 되도록 돕는 중요한 원동력이 될 수 있다. 부족함을 두려워하지 말고 이를 통해 더 큰 목표를 향해 나아가며 행복한 삶을 만들어 가길 바란다. 부족함을 긍정적으로 받아들이고 그 과정에서 더 나은 자신을 발견하는 기회를 만들어 보자.

돌아갈 곳이 있는 삶의 축복

일상을 바꾸는 초긍정 마인드셋

돌아갈 곳이 있다는 건 큰 축복이다. 매일 반복되는 일상 속에서 작은 행복을 발견하고 감사하는 삶이야말로 진정한 행복이다.

여행의 마지막 날 아침, 따스한 아침 햇살이 비치는 호텔 방에서 어지럽혀진 옷가지와 장난감을 정리하고 있었다. 그때 아들이 말했다. "아빠, 이제 어린이집 가고 싶어. 친구들이랑 같이 놀고 싶어!" 아들의 말에 저절로 미소가 지어졌다. 여행은 즐거웠고 낯선 곳에서의 새로운 경험들이 삶에 활력을 주었다. 하지만 아들의 말 한마디에 익숙한 집과 일상, 그리고 나를 기다리는 가족들이 얼마나 소중한지 다시 느끼게 되었다.

일상으로 돌아간다는 것은 지루한 일들이 반복되는 것처럼 느껴질 수 있다. 하지만 돌아갈 곳이 있다는 것, 나를 기다리는 사람들이 있고 내가 의미를 찾고 기여할 수 있는 자리에 다시 선다는 것은 큰 축복이다. 물론 매일 여행을 하거나 놀 수 있다면 좋겠지만, 그런 생활이 계속된다면 오히려 평범한 일상의 가치를 잃어버릴지도 모른다. 매일 여행한다면 설렘은 무뎌지고, 매일 논다면 그 즐거움은 희미해질 것이다. 그래서 가끔씩 찾아오는 여유와 쉼이야말로 평범한 하루의 가치를 다시 깨닫게 해 주는 순간이다. 그 평범한 일상 속에서 우리는 다시 힘을 얻고 나아갈 수 있는 진정한 행복을 발견한다.

여행을 마치고 일상으로 돌아가는 아내도 새로운 부서에서 낯선 업무를 맡으며 어려움을 겪을 수 있다. 하지만 아내는 강하고 능력 있는 사람이다. 익숙하지 않은 환경에서도 자신의 능력을 발휘하며 잘 적응해 나갈 것이라 믿는다. 무엇보다 서로를 응원하고 지지하며 함께 성장해 나가는 것이 우리에게 큰 힘이 된다.

만약 우리에게 돌아갈 일상이 없다면, 삶은 어떤 모습일까? 익숙함과 안정감이 사라진 자리에는 공허함이 남을지도 모른다. 활력을 잃고 삶의 의미를 찾기 어려워질 수도 있고, 이유 없이 하루를 보내며 무의미한 시간 속에서 방황할 수도 있다.

하지만 우리는 다행히 돌아갈 곳이 있다. 늘 곁에서 힘이 되어주는 아내와 해맑게 웃으며 안기는 사랑스러운 아들, 그리고 든든한 가족이 있다. 또한, 나의 능력을 펼칠 수 있는 일터도 있다. 힘들고 지칠 때도 있지만 이 소중한 가정과 가족, 일상 속에서 나는 삶의 의미를 찾고 성장하며 더 나은 미래를 만들어갈 수 있다.

여행 후 집으로 돌아가는 날

여행을 마치고 집으로 돌아오는 길, 다시 맞이할 일상이 주는 안도감에 감사함이 밀려온다. 매일 아침 눈을 뜨며 감사한 마음으로 하루를 시작하고, 주어진 일에 최선을 다하며 조금씩 더 나아지겠다고 다짐한다. 익숙한 일상이 지루하게 느껴질 수 있지만, 그 속에는 매일 새로운 시각으로 바라볼 수 있는 기회들이 숨어 있다. 여행 중 경험한 낯선 곳의 신선함은 일상에 대한 시각을 바꾸어 놓는다. 매일 마주하는 출근길도, 매번 반복되는 업무도 이제는 더 이상 단순한 일들이 아니다. 그 속에서 새로운 아이디어와 배움을 발견할 수 있는 순간들이 생긴다.

바쁜 일상에 지치고 불평도 하겠지만, 돌아갈 곳이 있다는 것이 얼마나 큰 축복인지 깨닫게 된다. 당연하게 여겼던 평범한 일상이 사실은 삶을 지탱해 주는 든든한 힘이라는 걸 새삼 느낀다. 힘든 순간이 찾아와도 돌아갈 곳이 있다는 사실만으로도 마음이 든든해진다.

매일 반복되는 집안일, 출근길, 일터에서의 바쁜 하루가 때로는 지루하게 느껴질 수 있지만, 그 속에는 우리가 누려야 할 소중한 것들이 가득하다. 익숙해져서 당연하게 여겼던 모든 것들이 사실은 우리가 감사해야 할 삶의 순간들이다. 오늘도 감사한 마음으로 하루를 시작하며, 작지만 소중한 순간들을 놓치지 않길 바란다. 우리가 매일 해내는 일들이 바로 우리의 삶을 이루는 근본적인 부분들이다. 돌아갈 곳이 있고 사랑하는 이들이 있으며, 함께 나아갈 내일이 있다.

지금 우리가 보내는 평범한 하루가 사실은 더 나은 내일을 준비하는 중요한 시간이다. 반복되는 일상처럼 보일지라도 그 안에서 우리는 조금씩 변화하고 있다. 매일 같은 일을 반복하는 것 같아도 그 과정에서 성장하고 있고, 작은 변화들이 쌓여 결국 큰 성과로 이어진다. 오늘 할 일을 성실히 해내는 것만으로도 한 걸음씩 더 나아가고 있는 것이다.

돌아갈 곳이 있다는 안정감 속에서 우리는 마음의 평안을 찾는다. 익숙한 일상과 함께하는 사람들이 주는 든든한 기반이 있기 때문에 힘들 때도 다시 일어설 용기를 얻는다. 지금의 작은 선택과 노력이 쌓여 내일을 만든다. 그러니 오늘도 의미 있는 하루를 보내며, 더 나은 미래를 향해 한 걸음씩 나아가길 바란다. 돌아갈 곳이 있는 삶은 그 자체로 큰 축복이며, 그 안에서 진정한 성취와 행복을 발견하게 된다.

일상을 바꾸면 인생이 바뀐다

월요병 극복! 직장이 주는 고마움

일상을 바꾸는 초긍정 마인드셋

직장은 삶의 든든한 버팀목이다. 안정된 수입은 가족을 지키고, 소중한 사람들과 행복을 나눌 수 있게 해 준다. 직장이 주는 기회를 떠올리며 감사한 마음으로 하루를 시작해 보자.

여름휴가의 달콤함을 뒤로하고 다시 일상으로 돌아가는 월요일 아침, 마음이 살짝 무겁게 느껴진다. 나 역시 지난주 휴가를 마치고 일상으로 돌아오는 것이 쉽지 않았다. 휴가 동안 느꼈던 여유와 자유가 아쉬워서일까. 하지만 휴가 중의 작은 순간들을 떠올리다 보니 그 즐거운 기억들이 일상으로 돌아갈 힘을 주었다.

지난 주말, 오랜만에 부모님 댁에서 가족들과 함께 시간을 보냈다. 고모네 가족도 오셔서 다 같이 외식을 하기로 했다. 평소 식사비를 미리 계산하시는 고모부를 위해 이번에는 내가 먼저 나가서 몰래 계산을 했다. 부모님과 고모네, 그리고 우리 가족에게 따뜻한 밥 한 끼를 대접할 수 있어서 감사한 마음이 들었다.

식사 후 쉬고 있는데, 곧 쌍둥이를 출산할 누나에게서 카톡이 왔다. 육아 용품을 당근마켓에서 구하고 있는데 누나가 혹시 우리 동네에서 대신 구해줄 수 있는지 물어봤다. 중고 물품도 괜찮았지만 조카들에게 더 좋은 걸 해주고 싶은 마음이 들었다. 그래서 모아둔 돈을 누나에게 보내주기로 했다. 큰 금액은 아니더라도 누나가 내 마음을 담아 조카들에게 꼭 필요한 것을 사줄 거라 생각하니 마음이 따뜻해졌다.

집으로 돌아오는 길, 가족들과 맛있는 식사를 하고 곧 태어날 조카들에게 작은 선물을 할 수 있다는 사실이 감사하게 느껴졌다. 당장 돈 쓸 곳이 많아 넉넉하진 않았지만, 나눌 수 있다는 것만으로도 마음이 뿌듯했다. 이런 작은 나눔이 가능한 것도 내가 일을 할 수 있어 가능하다는 생각에 직장에 대한 고마움도 자연스럽게 떠올랐다.

직장은 단순히 월급만 주는 곳이 아니다. 직장은 우리가 꿈을 펼치는 무대이자, 사랑하는 사람들을 지킬 수 있는 든든한 버팀목이다. 안정적인 수입은 우리의 삶을 유지할 뿐만 아니라 맛있는 음식을 먹고 여행을 떠나고 취미를 즐길 수 있는 여유를 준다. 무엇보다 사랑하는 사람들에게 베풀고 그들의 행복을 지킬 수 있는 힘을 주는 소중한 곳이다.

만약 회사와 나의 일자리가 갑자기 사라진다면 어떨까? 지금 누리고 있는 모든 것들이 한순간에 사라질지도 모른다. 사랑하는 가족의 웃음, 미래에 대한 희망, 그리고 안정된 삶까지 잃게 될지도 모른다. 직장은 단순히 돈을 버는 곳에서 그치지 않고 우리 삶의 기반을 만들어 주는 중요한 역할을 한다.

직장은 나에게 안정감과 성장의 기회를 준다. 동료들과 함께 일하며 새로운 것을 배우고, 나의 능력을 발휘할 수 있는 공간이다. 때로는 힘든 일에 부딪히고 어려운 상황에 놓이기도 하지만, 그 과정을 통해 조금씩 더 성장한다.

가끔 직장에 불만이 생길 때가 있다. 그럴 때 잠시 멈추고 직장이 주는 혜택과 기회를 떠올린다. 그러면 자연스럽게 감사한 마음이 든다.

우리는 직장에서 많은 혜택을 받고 있지만 그 소중함을 잊고 지낸다. 직장이 주는 가치를 떠올리고, 그 고마움을 기억하며 감사한 마음으로 하루를 살아간다면 우리는 더 행복하고 충만한 삶을 살 수 있다.

우리가 하는 일은 단순히 나 자신을 위한 것이 아니다. 우리의 작은 노력이 어딘가에서 더 큰 변화와 발전에 기여하고 있다는 것을 기억하자. 그렇게 생각하면 일과 직장 생활이 더 소중하고 의미 있게 다가올 것이다.

오늘 아침, 나는 평소보다 설레는 마음으로 회사에 출근한다. 직장이 없었다면 사랑하는 가족에게 따뜻한 마음을 전할 수 없었을 것이다. 오늘도 감사한 마음으로 하루를 시작하며, 동료들에게 밝은 미소를 건네고 최선을 다해 일할 것이다. 그리고 퇴근 후에는 가족들과 함께 소중한 시간을 보낼 것이다.

직장은 우리가 매일 힘을 쏟고 사람들과 협력하며 살아가는 삶의 터전이다. 동료들과 나누는 작은 대화나 웃음 속에서 얻는 안정감은 생각보다 크다.

때로는 일이 힘들지만, 그 과정에서 우리는 많은 것을 배우게 된다. 직장은 우리의 노력을 인정받고 기회를 얻는 곳이다. 그 안에서 쌓은 경험들은 일뿐만 아니라 삶 전체에 긍정적인 영향을 미친다.

오늘 하루, 직장이 주는 고마움을 한번 느껴보길 바란다. 감사하는 마음으로 하루를 시작해 보자. 그러면 더 행복하고 의미 있는 하루가 될 것이다. 동료들과 함께 웃고 이야기하며 스트레스를 풀고 서로에게 힘이 되어 주자. 우리가 하는 일이 사회에 긍정적인 영향을 주고 있다는 사실을 기억하면서, 함께 성장하고 더 행복한 내일을 만들어 가자.

일상을 바꾸면 인생이 바뀐다

제5장

관계,
함께하는 삶의 가치

진심으로 대해야 하는 이유

살다 보면 누구나 모르는 걸 아는 척하다가 난처했던 적이 있을 것이다. 친구들과 얘기하다가, 중요한 회의 중에, 갑작스러운 질문에 아는 척을 하다 들통나 얼굴이 뜨거워졌던 순간들 말이다. 그때의 부끄러움은 쉽게 잊히지 않는다.

하지만 그때 '잘 모르겠어요, 알려 주실 수 있나요?'라고 솔직하게 말했다면 어땠을까? 아마 분위기는 더 부드러워지고 진솔하고 겸손한 사람으로 기억됐을 것이다. 모르는 걸 인정하는 건 부끄러운 일이 아니다. 상황을 편안하게 만들고 관계를 더 가까워지게 하는 용기 있는 선택이다. 솔직함은 사람들 사이의 벽을 허물고 진정한 소통을 시작하게 한다. 진심을 전하면 상대도 그 마음을 느끼고 더 깊이 소통하게 된다. 진정성 있는 대화는 서로를 이해하고 존중하는 관계로 이어지는 첫걸음이 된다.

신뢰를 얻는 비결

신뢰를 얻는 비결은 솔직함에서 시작된다. 회사에서도 마찬가지다. 모르는 것을 아는 척하기보다는 솔직하게 도움을 구하는 것이 더 프로답고, 동료들의 신뢰를 얻는 데 효과적이다. 배우려는 자세와 솔직함은 협력과 신뢰를 이끌어 내는 힘이 있다. 괜히 어려운 말을 하며 아는 척하는 것보다, "이 부분은 잘 모르겠어요, 도와주실 수 있을까요?"라고 솔직하게 말하는 것이 더 멋져 보일 것이다.

아이가 질문할 때 대충 넘기지 않고 진지하게 반응하는 것만으로도 서로의 마음이 오가며 신뢰가 쌓인다. 아이들은 부모의 진심을 금방 알아채기 때문에 작은 순간에도 진지하게 대해 주는 태도가 중요하다. 함께 시간을 보내고 대화에 귀 기울이며 아이의 생각과 감정을 존중하는 것이 부모와 자식 간의 관계를 더 깊고 따뜻하게 만들어 준다. 이러한 진심 어린 소통이 쌓여 아이는 부모에게 신뢰를 느끼고 부모 역시 자식과의 유대감을 더 크게 느낄 수 있다.

오늘 아침, 교회 가는 길에 아들이 콧노래를 부르며 "엄마, 나 이 노래 부르는 거 어때?"라고 물었다. 아내는 창밖을 보며 "좋아, 잘 부른다."라고 건성으로 대답했다. 아들은 그 말에 "좀 의심스러운데? 진심 아니지?"라며

일상을 바꾸면 인생이 바뀐다

의심쩍어했다. 아내는 순간 당황했지만 웃음으로 넘겼고 아들은 "엄마, 거짓말 잘 못하구나?"라고 농담을 던졌다. 우리는 그 순간 함께 웃었지만, 이 작은 일화는 우리가 얼마나 자주 진심을 다하지 않고 사람을 대하는지 돌아보게 했다.

얼마 전, 전 직장 동료들과의 만남에서 작은 일이 마음을 불편하게 했다. 내가 소중하게 생각하는 사람들인데도, 한 동료가 전화로 늦을 것 같다고 하자 '내가 더 바쁜데, 왜 아까운 시간을 낭비해야 하지?'라는 생각이 들었다. 시간과 상황만 따지며 내 감정에만 집중하고 있었던 것이다. 그런데 그때 한 선배가 "잠깐 기다리면 되지, 조심해서 와. 빨리 보고 싶다."라고 말하는 것을 듣고, 그 말에서 진심이 느껴졌다. 그 선배는 시간을 따지기보다 우리 모임 자체를 소중하게 생각하고 있었다.

진심이란 상대방을 있는 그대로 받아들이고 상황에 연연하지 않는 마음이다. 상대방이 어떤 상황에 있든 따뜻하게 기다릴 줄 아는 그 선배의 모습에서 진심이 얼마나 중요한지 깨닫게 되었다. 반면, 나는 시간에 대한 계산적인 마음으로 불편함을 느끼며 진짜 중요한 것은 놓치고 있었다. 진심은 결국 상대를 향한 마음이며 그 마음은 계산할 수 없는 가치를 지닌다.

진심으로 사람을 대하면 상대방에게 전해질 뿐 아니라 나 자신에게도 변화를 가져온다. 진심은 관계를 따뜻하게 만들고 우리를 더 나은 사람으로 성장시킨다.

진심을 실천하는 건 작은 행동에서부터 시작된다. 가족에게 "고마워."라고 진심으로 말해 보거나, 동료에게 "도와줘서 정말 고마워요."라고 감사를 표현하는 것처럼 말이다. 처음엔 어색할 수 있지만, 진심 어린 말 한마디가 상대방에게 전달될 때 그들의 미소와 따뜻한 반응을 보며 진심이 주는 힘을 느끼게 된다.

진심은 한순간에 완성되지 않는다. 작은 표현들이 쌓이며 관계를 더 깊고 따뜻하게 만든다. 그렇게 진심을 다해 사람을 대하는 태도가 자연스레 자리 잡는다. 이 과정에서 나 자신도 진심을 표현하는 법을 배우며, 더 진정성 있는 소통의 힘을 느끼게 될 것이다. 진심은 눈에 보이지 않지만 강한 힘이 있다. 오늘부터, 작은 진심을 실천해 보자.

같은 미팅, 다른 이해: 소통의 재발견

오늘 중요한 고객사와의 미팅이 있었다. 규모 있는 프로젝트를 검토 중인 고객사의 요청으로 미팅이 성사된 자리였다. 글로벌 동향과 사례를 준비해 들어갔고 고객이 흥미를 가질 만한 포인트들을 자료에 담아 설명했다. 우리가 준비한 내용을 제안할 때마다 고객들은 고개를 끄덕이며 긍정적인 반응을 보였다. 미팅이 끝날 때쯤에는 서로 악수를 나누며 일이 성공적으로 마무리되는 듯했다. 모든 게 잘 풀렸다는 생각에 기분이 좋았다.

그러나 회사로 돌아오는 길에 동료와 함께 미팅 내용을 다시 이야기 하면서 묘한 감정이 스며들기 시작했다.

"잠깐만, 그 부분은 그런 의미가 아니었는데……."

동료는 고객이 전달하려던 핵심을 정확히 이해하지 못한 것 같았다. 마치 같은 영화를 보고도 전혀 다른 감상을 나누는 것처럼, 우리는 같은 미팅에 참석하고도 서로 다른 것을 이해하고 있었다.

얼마 전 저자 특강을 마친 후 비슷한 경험을 했다. 특강 후기를 읽어 보니 내가 전하고 싶었던 메시지가 다르게 해석된 부분들이 있었다. 청중들은 내 이야기를 각자 경험과 시각에 따라 받아들이고 저마다 다른 의미로 후기를 남겼다. 내가 명확하게 전달하지 못한 탓도 있었겠지만, 아마도 청중들이 자신의 배경과 경험을 통해 내 말을 다시 해석했기 때문일 것이다.

이런 경험은 소통의 중요성을 다시 한번 느끼게 했다. 소통은 단순히 정보를 주고받는 것이 아니라 그 속에 듣는 사람의 경험과 감정이 녹아드는 복잡한 과정이다. 같은 말을 해도 상대방의 상황에 따라 전혀 다르게 들릴수 있다. 똑같은 음식을 먹어도 사람마다 맛을 다르게 느끼듯, 우리가 전하는 말도 상대방에 따라 다양한 의미로 받아들여진다는 점을 새삼 깨달았다.

그렇다면 어떻게 해야 소통을 더 잘할 수 있을까? 효과적인 소통을 위해서는 몇 가지 중요한 원칙을 기억해야 한다.

일상을 바꾸면 인생이 바뀐다

첫째, 상대방의 입장에서 생각하고 공감하는 것이 필요하다

내가 하고 싶은 말을 전하기 전에, 이 메시지가 상대방에게 어떻게 들릴지 고민해 보자. 상대방이 어떤 감정을 느낄지 어떤 반응을 보일지 예측하며 그에 맞춰 소통 방식을 조정해야 한다. 공감을 바탕으로 한 소통은 상대방에게 더 진정성 있게 다가간다.

둘째, 잘 듣는 것이 중요하다

소통은 말하는 것만이 아니라 듣는 것에서도 시작된다. 상대방이 말하는 내용을 단순히 듣는 것이 아니라 그 속에 담긴 진짜 의미와 감정을 파악하는 것이 필요하다. 표정, 몸짓, 목소리 톤 같은 비언어적인 신호에도 신경을 써야 한다. 그리고 이해가 안 되는 부분은 솔직하게 질문해 상대방의 의도를 정확히 알아야 한다.

셋째, 명확하고 구체적인 표현을 사용하는 것이 좋다

추상적이거나 모호한 표현은 오해를 낳을 수 있다. 예시나 비유, 숫자 등을 활용해 메시지를 구체화하고 상대방이 제대로 이해했는지 확인하는 질문을 던져보는 것도 좋은 방법이다. 이렇게 하면 서로의 생각을 명확하게 나눌 수 있다.

이 세 가지를 실천하면 더 원활하고 효과적인 소통을 이룰 수 있다.

소통은 단순히 정보를 주고받는 것이 아닌 서로의 마음을 연결하고 이해를 넓혀가는 과정이다. 때로는 오해나 갈등이 생길 수 있지만 그럴 때일수록 더 많이 대화하고 노력하는 것이 중요하다. 이렇게 소통을 이어 가다 보면 더 깊은 관계를 맺고 문제를 해결하는 방법도 찾을 수 있다.

진정한 소통은 단순한 말이 아니다. 상대의 마음을 읽고 공감하는 데서 시작된다. 소통은 마법처럼 모든 오해를 단번에 해결해 주지는 않는다. 하지만 상대방의 입장에서 생각하고 경청하려는 노력을 기울이면 달라진다. 진심을 담아 이해하려는 마음이 있다면, 그 노력은 서로의 마음을 이어 주는 다리가 된다.

물론 오해와 갈등은 언제든지 생길 수 있다. 하지만 꾸준히 진심을 담아 소통하려는 노력을 한다면 더 깊은 관계를 맺을 수 있다. 서로에게 긍정적인 영향을 주는 관계가 된다. 진정한 소통은 상대의 마음을 이해하고 공감하는 과정이다. 이 과정에서 우리는 더 행복하고 조화로운 관계를 만들어 갈 수 있다.

오늘, 나는 과연 진심을 담아 소통했는가? 이 질문을 통해 매일 자신을 돌아보고 더 나은 나를 향해 나아가자.

일상을 바꾸면 인생이 바뀐다

말 한마디의 무게, 그리고 배려

일상을 바꾸는 초긍정 마인드셋

> 말은 상처를 줄 수도 있고, 위로가 될 수도 있다. 가볍게 던진 한마디가 누군가의 마음을 흔들고 인생을 바꿔놓을 수 있다.

며칠 전, 엄마가 작은 부탁을 하나 하셨다. 그냥 부탁을 좋게 들어드리면 될 텐데, 나는 괜히 감정적으로 반응해서 엄마를 속상하게 만드는 말을 하고 말았다. 그 순간에는 내 감정이 앞서 생각 없이 말했지만 지금 돌아보면 굳이 그렇게 말할 필요는 없었단 생각이 든다. 조금만 더 차분하게, 따뜻하게 말했더라면 얼마나 좋았을까. 엄마는 아무 잘못도 없었는데, 내가 내 감정을 다스리지 못한 탓에 괜히 엄마에게 상처를 준 것이다. 내가 조금만 더 이해하고 배려했더라면 서로 상처받지 않고 더 편안했을 텐데 하는 아쉬움이 남는다. 순간의 말 한마디가 이렇게 오래 마음에 남을 줄 몰랐다. 내 마음을 알아달라는 듯 짜증을 부렸던 내 모습이 떠오를 때마다 '그때 조금 더 따뜻하게 말했으면 얼마나 좋았을까.' 하는 후회가 밀려온다.

비슷한 일이 얼마 전 교회에서도 있었다. 우리 교회에는 어린아이들을 정말 예뻐하는 청년부 친구가 있다. 아이가 너무 예뻐서 결혼하고 싶다는 말에 나는 그 친구와 그렇게 가까운 사이도 아니었는데도, "결혼하면 너무 좋지. 결혼은 무조건 빨리하는 게 좋아."라며 재촉하는 듯한 말을 쉽게 하고 말았다.

그 친구 나이가 어느 정도 있는 줄 알고 별생각 없이 한 말이었지만, 나중에 알고 보니 그 친구는 20대 초반의 아직 어린 학생이었다. 결혼은 아직 먼 이야기일 텐데 내가 너무 생각 없이 말했나 싶어 마음이 불편했다. 순간 친구가 당황하는 모습을 보니 나도 괜히 민망하고 어색했다.

집에 돌아오는 길에 아내에게 이 이야기를 하니, "오빠는 가벼운 말이라고 생각할 수 있지만 누군가에게는 그렇지 않을 수 있다."라는 말에 생각 없이 재미를 위해 말을 뱉은 것을 후회했다. 말을 하기 전 한 번만 더 생각했다면, 분명 그런 말은 하지 않았을 것이다.

이런 일이 있을 때마다 차라리 아무 말도 하지 않는 게 더 낫지 않았을까 하는 생각이 든다. 나는 예전엔 말도 많고 유머로 사람들을 즐겁게 해 주던 사람이었다. 친구들과 함께 있을 때면 늘 웃음을 주고 분위기를 밝게 만드는 역할을 했다. 하지만 시간이 지나면서 알게 된 건 말을 많이 하면 실수도 그만큼 늘어난다는 사실이다. 내가 웃기려고 던진 한마디가 누군가에겐 불편하거나 상처가 될 수 있다는 걸 이제는 깨닫게 되었다.

일상을 바꾸면 인생이 바뀐다

그리고 더 놀라운 건, 말을 적게 해도 실수를 피할 수는 없다는 점이다. 오히려 말을 아끼려고 할수록 한마디 한마디에 더 신경을 쓰게 되고 그로 인해 더 큰 부담감을 느끼게 된다. 말을 적게 하면 무심한 사람으로 보일 수 있고 다가가기 어렵다는 인상을 주기도 한다. 때로는 뭔가 숨기거나 거리를 두고 싶어 한다는 오해를 받기도 하고, 심지어 생각이 없는 사람처럼 보일 때도 있다. 결국, 말이 많든 적든 실수를 피하기란 쉽지 않다는 것이다.

말의 무게를 생각하며

어쩌면 나이가 들면서 더 복잡한 관계 속에서 살다 보니 말의 무게가 얼마나 중요한지 깨닫게 된 것일지도 모른다. 예전엔 그저 가벼운 대화라고 생각했던 말들이 이제는 듣는 사람에게 얼마나 큰 영향을 줄 수 있는지 알게 됐다. 내가 무심코 던진 한마디가 상대의 마음에 남아 그 사람의 하루나 심지어는 인생의 일부를 바꿔놓을 수도 있다는 생각이 든다. 그래서 앞으로는 말을 아낄 때도, 할 때도 더 신중하게 해야겠다는 다짐을 하게 된다.

성경에서도 "속히 듣고 더디 말하라."라는 가르침이 있다. 그만큼 말을 아끼는 것이 지혜라고 한다. 이 말이 다시 한번 내게 깊이 와닿는다. 우리는 너무 쉽게 말을 내뱉고 그로 인해 생긴 상처를 치유하는 데 많은 시간을 쓴다. 내가 던진 말이 상대방의 마음에 어떤 흔적을 남길지 미리 생각하는 것이 얼마나 중요한지를 이제야 조금씩 알아가고 있다.

앞으로 말을 아끼고 더 신중하게 행동하려고 한다. 그러다 보면 무뚝뚝하거나 차갑게 보일 수도 있겠지만, 그게 오히려 낫다고 생각한다. 가끔 오해를 받더라도 말을 많이 해서 누군가에게 상처를 주기보다는 말을 줄여서 상대방이 불편하지 않게 하는 것이 나에게는 더 중요하다는 걸 깨달았기 때문이다.

말을 많이 하지 않아도 사람은 충분히 마음으로 느낄 수 있다. 아무리 성공해도 소중한 사람들에게 상처 주는 말을 한다면 그 성공이 무슨 의미가 있을까? 이제는 하고 싶은 말이 떠오를 때마다 한 번 더 생각해 보려 한다. '이 말이 꼭 필요한 걸까? 이 말이 상대방에게 긍정적인 영향을 줄까? 혹시 상처를 줄 수 있는 말은 아닐까?' 스스로에게 물어보고 나서 말을 하려 한다.

말을 하기 전에 잠시 멈추고 생각하는 습관이 중요하다. 말 한마디가 상처가 될 수도, 누군가에게 큰 위로가 될 수도 있다. 말의 힘을 알고, 그 힘을 긍정적으로 사용할 때 진정한 관계가 만들어진다.

일상을 바꾸면 인생이 바뀐다

일상을 밝히는 작은 친절

> 따뜻한 말 한마디, 작은 배려, 사소한 친절이 누군가에게는 큰 힘이 된다. 오늘 당신이
> 베푸는 친절은 어쩌면 내일 당신에게 돌아올지도 모른다.

오늘 새벽, 매일 가는 수영장에서 뜻밖의 친절을 경험했다. 매일 눈인사만 나누던 한 아저씨가 먼저 다가와 내 어깨 상태를 물어 봐주신 것이다. 요즘 오른쪽 어깨 통증이 심해져서 2주 동안 수영을 쉬고 있었다. 그 아저씨는 나와 같은 반도 아니고 그냥 몇 년 동안 샤워실에서 가끔 마주치며 얼굴만 알고 있는 정도의 사이였다. 친해질 기회는 없어서 만날 때마다 어색하게 지나치곤 했다. 그런데 오늘, "어깨는 이제 좀 괜찮아요?"라며 진심으로 걱정해 주시는 말씀에 마음이 따뜻해졌다.

나도 평소에 사람들에게 먼저 인사하려고 노력한다. 낯을 많이 가려서 처음엔 용기가 잘 안 나지만, 그래도 최대한 밝게 인사하려 한다. 아파트

엘리베이터에서 만나는 이웃, 회사 화장실을 청소하시는 아주머니, 식당에서 일하는 직원들에게 "안녕하세요.", "잘 먹었습니다.", "감사합니다."라고 인사한다. 그런데 오늘 수영장에서 누군가 내게 먼저 진심 어린 관심을 보여 주니 그 따뜻함이 더 크게 느껴졌다.

곰곰이 생각해 보니, 먼저 친절을 베푸는 건 생각보다 쉽지 않다. 상대방이 어떻게 반응할지 몰라 망설여지기도 하고 괜한 오지랖처럼 보일까 걱정되기도 한다. 우리는 모두 바쁜 일상 속에서 자기 일에 집중하며 살아간다. 그 속에서 누군가에게 먼저 말을 건네는 건 용기가 필요한 일이다. 그런데 오늘 아저씨의 친절이 내게 용기를 주었다. 나도 먼저 누군가에게 다가가면, 그 친절이 그 사람에게 작은 위로가 될 수 있지 않을까 생각해 본다.

엘리베이터에서 낯선 이웃에게 인사하는 것도, 식당에서 바쁘게 일하는 직원에게 "잘 먹었습니다."라고 말하는 것도 쉬운 일이 아니다. 그런 인사에도 용기가 필요하다. 하지만 그 작은 친절이 상대방에게는 일상 속에서 따뜻하게 느껴질 수 있다는 걸 깨달았다. 우리는 받는 친절을 당연하게 여기며 지나치지만, 그 순간들이 누군가에게는 큰 의미로 다가올 수 있다. 배려가 담긴 한마디, 문을 잡아 주는 손길, 예상치 못한 미소가 누군가의 하루를 바꾸고 마음에 깊은 인상을 남길 수 있다.

얼마 전 회사에서 겪었던 일이 생각난다. 그날도 지쳐서 잠시 커피를 마시러 갔었다. 커피를 내리며 멍하니 서 있던 그때, 평소엔 별로 대화가 없던 동료가 다가와 "요즘 바빠 보이던데 괜찮아요?"라고 조용히 물었다. 별거 아닌 말처럼 들릴 수 있었지만 그 한마디가 내게는 위로가 되었다. 동료가 나를 지켜보고 내 상황을 염려해 줬다는 진심이 느껴졌다. 그 순간, 혼자가 아니라는 느낌에 마음이 따뜻해지고 힘을 얻었다.

생각해 보면, 그 동료도 용기를 내서 말을 건넸을 것이다. 평소에 친하지 않은 사람에게 먼저 다가가 안부를 묻는 건 쉽지 않으니까. 하지만 그 동료는 내가 힘들어 보인다는 걸 느끼고 용기를 낸 거였다. 그날 나는 진심으로 "감사합니다, 그 말이 힘이 됐어요."라고 말했고 동료도 미소를 지었다. 그 한마디 덕분에 하루 종일 기분이 좋아졌고 일에도 더 집중할 수 있었다. 작은 말 한마디가 하루를 바꿀 수 있다는 걸 몸소 체험한 순간이었다.

말을 건네는 것도, 그 말을 받아들이는 것도 때로는 용기가 필요하다. 특히 요즘처럼 각자 바쁘고 지쳐 있을 때, 누군가에게 먼저 다가가 말을 거는 일은 더더욱 쉽지 않다. 그렇지만 그 한마디가 상대방의 마음에 닿아 하루를 바꿀 수 있다면 그 용기는 충분히 값진 일이다. 가끔 우리는 내 작은 배려가 상대방에게 큰 위로가 될 거란 생각을 하지 못하고 지나친다. 하지만 생각해 보면, 진심 어린 말과 작은 관심이 서로의 마음을 이어 주는 다리가 된다.

오늘, 당신은 어떤 친절을 베풀었는가? 아니면 누군가로부터 뜻밖의 친절을 받았는가? 우리는 눈에 보이지 않아도 서로 연결되어 있다. 나의 작은 친절이 다른 누군가에게 전달되고 또 그 누군가에게 퍼져 나가 결국 세상을 조금 더 따뜻하게 만들 수 있다. 오늘, 용기를 내어 먼저 친절을 베풀어 보는 것은 어떨까? 당신의 작은 친절이 누군가의 하루를 바꿀 수도 있다. 그 변화는 단순히 상대방의 기분만을 바꾸는 것이 아니라, 그 사람의 하루를 더 밝고 따뜻하게 만들어 줄지도 모른다.

따뜻한 말 한마디, 작은 배려, 사소한 친절이 누군가에게는 큰 힘이 된다. 오늘 당신이 베푸는 친절은 어쩌면 내일 당신에게 돌아올지도 모른다. 그런 작은 친절이 모이고 모여 우리가 살아가는 이 세상이 조금 더 따뜻하고 조금 더 살만한 곳이 될 것이다. 그러니 오늘은 용기를 내어 누군가에게 따뜻한 말을 건네보자. 그 작은 시작이 큰 변화를 일으킬 수 있다.

일상을 바꾸면 인생이 바뀐다

5

타인의 빈자리

일상을 바꾸는 초긍정 마인드셋

아내가 아이를 돌보는 수고, 동료가 묵묵히 해 온 업무, 청소해 주시는 분들의 손길. 당연하다고 생각했던 일들이 사실은 누군가의 헌신과 노력으로 이루어지고 있다.

아내가 다니는 회사의 직장 어린이집에 아이를 맡기고 있다. 주로 아내가 아이의 등하원을 담당하지만, 아내가 바쁠 때는 내가 업무 시간을 조정해서 그 일을 대신한다. 오늘도 아내의 갑작스러운 야근으로 오랜만에 아이를 데리러 가게 되었다. 최근 업무와 책 출간 준비로 바빠서 하원을 자주 못 했던 터라 오랜만에 가는 길이 설레면서도 한편으로는 조금 걱정이 됐다.

아이는 하원 후 바로 집에 가는 경우가 거의 없다. 간식이 있는 편의점에 들르거나 좋아하는 카페에서 잠깐 쉬고 친구들과 놀이터에서 뛰어놀다 집에 가는 게 아들의 일상이다. 오늘처럼 더운 날씨에 장거리 운전을 하고 정장 차림으로 아이를 따라다닐 생각을 하니 걱정이 앞섰다. 아이와 놀아 주고 싶은 마음은 굴뚝같지만, 체력이 마음 같지 않아 그런 순간들이 만만치 않게 느껴진다.

　예상대로 아이는 집에 가는 대신 놀이터로 가겠다고 했다. 편의점에 들러 아이가 좋아하는 주스를 사주고 나는 땀을 식히며 잠시 숨을 돌렸다. 하지만 아이는 벌써 놀이터로 달려가고 있었고 나는 그 뒤를 따라가며 이미 체력이 고갈되는 걸 느꼈다. 아이는 지치지도 않는 듯한 에너지로 그네를 타고 미끄럼틀을 오르내리며 신나게 놀았다. 나는 아이를 지켜보며 아들의 에너지가 대단하다는 생각이 들었다.

　얼마 지나지 않아 다른 아이들과 아빠들도 하나둘씩 놀이터에 모여들었다. 자연스럽게 아빠들끼리 눈짓을 주고받으며 괴물 역할을 맡아 아이들과 잡기 놀이를 시작했다. 이미 피곤한 기색이 역력한 와중에도 아이들의 웃음소리가 들릴 때마다 다시 기운을 차리는 모습이었다. 가끔씩 허리를 펴며 잠시 피로를 달래기도 했지만, 아이들이 즐거워하는 모습을 보는 것만으로도 피곤함은 잊히는 듯했다.
　한 시간쯤 신나게 놀고 난 후, 아이는 아쉬운 얼굴로 친구들과 작별 인사를 하고 차에 올라탔다. 퇴근 시간대라 집까지는 40분이 넘게 걸릴 듯했다. 순간, 숨이 턱턱 막히는 더운 날씨 속에서 아이를 챙겨온 아내의 수고가 떠올랐다. 아내는 매일 이렇게 힘든 일상을 보내고 있었던 것이다. 아이의 등하원뿐만 아니라 아내가 하루하루 쏟아온 노력들이 떠오르면서 미안

　　　　　　　　일상을 바꾸면 인생이 바뀐다

함과 고마움이 함께 느껴졌다.

서로의 노력을 인정하는 삶

아침마다 아이를 깨우고, 밥 먹이고, 옷 입혀 어린이집에 보내는 일. 퇴근 후 아이를 데려와 저녁을 차리고, 씻기고, 책을 읽어주고 재우는 일. 주말에도 쉴 틈 없이 아이와 놀아 주는 일…. 물론 나도 함께하지만, 이 모든 게 쉬운 일이 아니었다.

아내는 매일같이 이 모든 걸 혼자 감당해 왔고 그 안에 쌓인 피로와 고충을 내가 제대로 알아주지 못한 것 같아 미안한 마음이 들었다.

사실 이런 마음은 이전 직장에서 느꼈던 경험과도 비슷했다. 팀원이 갑자기 퇴사하면서 그가 맡았던 일을 내가 대신하게 됐는데, 익숙하지 않은 일이 많아 일이 느려졌고 실수도 잦았다. 그제야 그 팀원이 얼마나 세심하게 일을 해 왔는지 알게 되었다. 그의 빈자리가 크게 다가오면서 평소 당연하게 여겼던 그의 노력이 얼마나 중요한지 알 수 있었다. 아내의 노력도 마찬가지였다. 평소엔 잘 알지 못했던 그 무게를 조금씩 느끼게 된 것이다.

비슷한 시기에 사무실 청소를 담당하던 업체도 인력 부족으로 2주간 청소를 하지 못하는 상황이 생겼다. 평소엔 깨끗하던 사무실이 금세 쓰레기가 쌓이고 책상 위엔 먼지가 가득했다. 그제서야 깨끗한 사무실이 주는 편안함과 청소해 주시는 분들의 수고에 감사함을 느낄 수 있었다.

아이와의 시간, 아내의 부재, 팀원의 퇴사, 청소가 되지 않은 사무실. 이 모든 경험이 나에게 타인의 노력과 헌신을 느끼게 해 주었다. 우리는 타인의 수고를 당연하게 여기고 작은 실수에도 쉽게 불평한다. 하지만 직접 그 빈자리를 채워보면, 일상을 지켜 주는 타인의 노력들이 얼마나 귀하고 소중한지 비로소 깨닫게 된다.

어쩌면 우리가 당연하게 여겼던 일상 속의 많은 일들은 보이지 않는 곳에서 누군가의 헌신이 있었기에 가능했을지 모른다. 그들의 노고 덕분에 편안한 하루를 보낼 수 있었다는 사실을 떠올리면 이제는 그들에게 더 깊이 감사하는 마음을 가져야 한다. 작은 친절을 받았을 때, 그 마음을 또 다른 이에게 돌려주는 것. 그것이 세상을 조금 더 따뜻하게 만드는 시작이 될 것이다.

서로의 노력을 인정하고 존중하는 사회 속에서 우리는 더 나은 관계를 맺고, 각자의 역할을 소중하게 여길 수 있다. 한 사람의 배려가 더해지면 그 안에서 긍정적인 변화가 일어나고, 모두가 함께 더 나은 방향으로 나아갈 수 있다. 특별한 것이 아니더라도, 서로를 배려하고 감사하는 마음을 갖는 것만으로도 충분히 더 나은 세상을 만들 수 있음을 느낀다.

일상을 바꾸면 인생이 바뀐다

고집을 버리고 유연함을 얻다

토요일 아침은 자유수영을 하는 날이다. 보통 강습에 나오지 않지만, 주말에 자유수영을 즐기러 오는 사람들이 제법 많다. 그중에는 수영 경력이 20년이 넘는 박 사장님이 계신다. 박 사장님은 젊은 시절 동호인 활동을 활발히 하셨고, 아마추어 수영 대회에도 자주 나가시며 수영을 오랫동안 해오신 분이다. 오늘도 수영장에서 박 사장님을 만나 인사를 나누다가 자연스럽게 나의 어깨 상태에 대한 이야기가 나왔다. 박 사장님은 항상 나의 어깨를 걱정하시면서 수영 자세에 대해 조언해 주시는데, 솔직히 나는 그 말이 잘 와닿지 않았다. 내심 수영 실력에 대한 자부심도 있었고 자세에도 큰 문제가 없다고 생각했기 때문이다. 하지만 박 사장님은 계속해서 내가 어깨를 제대로 쓰지 못해 통증이 생긴다고 말씀하셨다.

몇 번이고 "알겠습니다."라고 답하며 고개를 끄덕였지만, 사실 박 사장님의 말씀이 정확히 무슨 뜻인지 이해하지 못하고 있었다. 그런데 오늘 자유 수영에서 박 사장님은 마음을 굳게 먹으신 듯 다른 사람들의 자세까지 하나하나 분석해 가며 차이를 설명해 주셨다. 놀랍게도 박 사장님의 설명을 듣고 다른 사람들의 수영 자세를 보니 그 차이가 명확하게 눈에 들어왔다. 박 사장님이 말씀하신 어깨를 제대로 쓰지 못하는 동작과 실제로 어깨를 충분히 사용하는 동작의 차이가 분명하게 보이기 시작했다. 그래서 곧바로 박 사장님이 가르쳐 주신 대로 자세로 수영해 보았다. 그리고 정말 놀라운 변화가 있었다. 어깨 통증이 거의 느껴지지 않았고 물을 헤치며 나아가는 감각이 이전보다 훨씬 자연스럽고 편안하게 다가왔다. 그전에는 결코 느껴 보지 못한 새로운 경험이었다.

나는 그 느낌을 잊지 않기 위해 천천히 몇 번 더 자세를 반복했다. 매번 할 때마다 어깨에 걸리는 힘이 줄어들었고 물살을 타는 느낌은 점점 더 명확해졌다. 박 사장님은 이후에도 계속 내 자세를 잡아 주시며 코칭을 해 주셨다. 그 덕분에 나는 마치 수영 실력이 한 단계 더 성장한 듯한 기분이 들었다. 운동을 마치고 머리를 말리면서 혹시 내가 너무 내 방식만 고집하고 있었던 건 아닌지 생각해 보게 되었다. 나이가 들수록 자기 방식에만 집착하는 경향이 있지 않은가? 그동안 내 방식만 옳다고 믿고, 다른 사람의 조언을 들을 때 불편해하거나 그냥 흘려보내진 않았는지 돌아보게 되었다.

일상을 바꾸면 인생이 바뀐다

이 경험을 통해 나는 단순히 수영 자세뿐만 아니라 삶의 자세도 돌아보게 되었다. 일을 시작한 지 10년이 넘고 경험과 성과를 쌓아오면서 누군가 내 일에 대해 피드백을 주거나 개선점을 제시하면 불편함을 느끼곤 했다. 때로는 그들의 피드백이 나를 공격하는 것처럼 받아들여지기도 했다. 하지만 수영장에서 박 사장님의 조언을 듣고 나니 내가 틀릴 수도 있다는 걸 깨달았다. 혹시 내가 다른 사람들의 의견을 귀담아듣지 않고 내 방식이 옳다고만 생각하며 그들의 이야기를 무시하고 있었던 건 아닌지 반성하게 되었다.

이 깨달음은 나의 과거 경험으로도 이어졌다. 고등학교 시절, 교회에서 드럼을 치던 때가 떠올랐다. 나는 4~5년 정도 교회 찬양팀에서 드럼을 연주했는데, 그때 자주 들었던 말이 있다. "악기 연주는 조화다."라는 말이다. 피아노, 드럼, 베이스, 기타, 보컬 등 각 악기가 제 역할을 하면서도 전체적인 소리의 균형을 맞춰야 한다. 하지만 나는 내 연주에만 몰두하느라 다른 악기들의 소리를 제대로 듣지 못할 때가 많았다. 나는 잘 치고 있다고 생각했지만, 정작 내 연주가 전체 음악의 조화를 깨뜨리고 있다는 것은 알지 못했다. 내 연주에만 집중한 탓에 남들이 듣는 관점에서 내 소리를 객관적으로 평가하지 못했던 것이다. 결국, 고집스럽게 내 방식만 고수하며 음악의 균형을 무너뜨리고 있었다.

중요한 것은 객관적인 시각이다. 내가 아무리 잘하고 있다고 생각해도 다른 사람들이 불협화음을 느낀다면 그것은 분명 문제가 있는 것이다. 음악이든, 일이든, 혹은 인간관계에서든 외부의 시각을 통해 자신을 돌아보고 조화를 이루려는 노력이 필요하다.

오늘 박 사장님의 조언은 수영뿐만 아니라 내 삶, 직장, 그리고 인간관계에서도 중요한 교훈을 주었다. 다른 사람의 이야기를 듣고, 내가 미처 보지 못한 새로운 시각을 받아들이는 것이 얼마나 중요한지 깨닫게 되었다. 물론, 한번 익숙해진 나의 방식을 한순간에 바꾸는 건 쉽지 않다. 하지만 수영이든, 삶이든 그런 새로운 시각을 받아들이고 조금씩 변화시키다 보면 분명 더 나아질 수 있다.

직장에서나 가정에서, 그리고 친구들과의 관계에서 다른 사람의 의견을 귀담아듣고 우리가 고쳐야 할 부분을 변화시킨다면, 우리는 더 유연한 관계를 만들어 갈 수 있을 것이다. 그렇게 조금씩 나아간다면 더 성숙하고 멋진 자세로 세상을 살아갈 수 있지 않을까?

일상을 바꾸면 인생이 바뀐다

내가 한다는 착각에서 벗어나기

일상을 바꾸는 초긍정 마인드셋

우리가 이룬 모든 것은 나 혼자만의 힘이 아닌 주변의 도움과 우연이 함께한 결과다.
나의 한계를 인정하고, 주변의 도움에 감사하며 살아가자. 진짜 힘은 혼자가 아닌 함
께할 때 생긴다.

미팅을 마치고 돌아오는 차 안에서 전화벨이 울렸다. 심장이 덜컥 내려
앉았다. 순조롭게 진행되던 프로젝트의 담당자가 갑자기 바뀌었다는 소식
이었다. 힘겹게 쌓아 올린 공든 탑이 한순간에 무너지는 듯한 기분이었다.
며칠 전에는 투자가 미뤄졌고 이번에는 담당자가 퇴사하다니. 1년 동안 쏟
아부은 노력이 물거품이 되는 것 같았다.

순간 깊은 한숨과 함께 밀려오는 자괴감. '내가 뭘 잘못했나? 내가 부족
해서 이런 일이 계속 생기는 건가?' 머릿속에서 그런 생각들이 떠나지 않았
다. 내 잘못이 모든 문제의 원인인 것처럼 느껴졌다. 하지만 내가 착각하고
있었다는 걸 알게 되었다. 마치 모든 것을 내가 통제하고 내 능력으로 이끌

어왔다는 착각이었다. 삶은 늘 뜻대로 흘러가지 않는다. 그리고 그것은 나 혼자 책임질 수 없는 일들이다.

곰곰이 생각해 보니, 이 프로젝트는 나 혼자만의 힘으로 이뤄진 것이 아니었다. 함께 고생한 동료들, 든든하게 지원해 준 파트너사, 그리고 이 모든 과정을 가능하게 한 시장의 흐름까지. 수많은 요소들이 서로 맞물려 지금의 결과를 만들어 냈던 것이다. 내가 혼자 해냈다고 믿었던 그 일들 뒤에는 항상 보이지 않는 곳에서 함께 노력한 사람들과, 우리가 어쩌지 못하는 '운'이 함께 있었다.

우리는 모든 것을 계획하고 통제할 수 있다고 믿지만, 우리의 삶은 그리 단순하지 않다. 숨 쉬는 것조차 우리의 의지와 상관없이 이루어지듯, 많은 것들이 이미 우리 손을 벗어나 있다. 심장이 뛰는 것, 혈액이 순환하는 것, 심지어 우리가 무심코 하는 생각들까지. 이 모든 것은 우리의 의지와 상관없이 작동한다. 우리 삶의 가장 기본적인 것들조차 우리의 통제 범위를 벗어나 있다. 그래서 모든 일을 내가 통제할 수 있다고 믿는 것은 오만일지도 모른다. 삶의 많은 부분은 우리의 통제를 벗어난 요소들에 의해 좌우된다. 우리는 그러한 존재다.

삶이 내 의지대로 움직인다고 착각했던 것은 아닐까? 돌이켜보면, 내 노

일상을 바꾸면 인생이 바뀐다

력만으로 이룬 결과는 거의 없었다. 내가 이룬 것이라 생각했던 많은 일들조차도 수많은 우연과 타인의 도움 속에서 이루어진 결과다. 삶의 많은 부분은 통제 불가능한 변수들로 이루어져 있다는 사실을 우리는 잊어버리곤 한다.

삶은 예측할 수 없는 변수들로 가득 차 있다. 예상치 못한 변화, 불현듯 찾아오는 기회나 위기. 이 모든 것이 우리의 계획을 넘어설 때도 많다.

코로나19 팬데믹은 우리가 삶을 통제할 수 없다는 사실을 여실히 보여 주었다. 비대면 업무, 사회적 거리 두기, 변화된 회식 문화 등 우리의 일상은 한순간에 뒤바뀌었다. 예상치 못한 변화에 적응해야만 했던 그 경험은 삶이 결코 계획대로만 흘러가지 않는다는 중요한 교훈을 남겼다. 언제든지 통제할 수 없는 일이 생길 수 있으며, 중요한 것은 그 변화에 어떻게 적응하고 대응하느냐이다.

겸손과 감사 속에서

멀리서 보면 우리는 바람과 안개처럼 연약하고 덧없는 존재일지도 모른다. 찰나의 성공에 도취되어 교만하거나 타인을 쉽게 재단하는 욕심은 이제 내려놓고 겸손하게 자신을 돌아보자. 서로를 존중하며 따뜻한 마음으로 함께 성장하는 지혜를 품는 것이 더 가치 있는 일이다.

프로젝트의 갑작스러운 변화는 아쉬웠지만, 이번 일을 통해 혼자서는 아무것도 할 수 없음을 깨닫고, 주변의 도움에 감사하는 마음을 갖게 되었다.

삶은 뜻대로 되지 않을 때가 많다. 하지만 그런 순간들이야말로 배우고 성장할 기회다. 내가 한다는 착각에서 벗어나 삶의 진정한 기적과 주변의 도움에 감사하며 매 순간을 겸손하게 살아가는 법을 배워야 한다.

우리는 스스로 심장을 멈추거나 다시 뛰게 할 수 없다. 단 1분만 숨을 참아도 고통을 느끼는 우리가 모든 것을 통제한다는 것은 착각일 뿐이다. 이렇게 우리는 우리가 생각하는 것보다 더 연약하고 삶은 우리가 예상하는 것보다 더 예측 불가하다. 그래서 더욱 삶의 매 순간에 감사해야 한다. 겸손한 마음으로 주변을 돌아보고 함께 살아가는 이들과 서로 의지하며 살아가야 한다.

삶은 우리에게 주어진 소중한 선물이다. 이 선물에 감사하며 매 순간을 온전히 살아갈 때, 비로소 진정한 행복을 느낄 수 있을 것이다. 우리가 할 수 있는 최선은 주어진 하루를 온 힘을 다해 살아가는 것이다. 비록 모든 것을 통제할 수는 없지만, 그 하루하루가 모여 삶을 만들어 간다. 예측할 수 없는 삶 속에서도 희망을 품고 나아가자. 삶은 결국 우리가 어떻게 살아내느냐에 달려 있으니까.

일상을 바꾸면 인생이 바뀐다

모든 것에는 보이지 않는
수고와 노력이 있다

일상을 바꾸는 초긍정 마인드셋

오늘, 보이지 않는 손길에 감사하고, 그 안에서 삶의 깊이를 느껴보자. 우리가 드러나지 않는 수고에 감사할 때, 우리도 누군가에게 그런 손길이 될 수 있다.

우리는 일상의 편리함을 누리며 그 이면에 숨어 있는 수많은 사람들의 노력과 수고를 잊곤 한다. 시원한 에어컨 바람부터 따뜻한 샤워 물, 편안한 출퇴근길, 그리고 커피 한 잔의 향기까지 모두가 누군가의 헌신 덕분에 가능한 것이다. 새벽부터 거리를 청소하는 환경미화원, 밤낮없이 안전한 교통을 책임지는 버스 기사님, 그리고 정성을 다해 음식을 준비하는 요리사와 필요한 물건을 직접 가져다주시는 택배 기사님들까지. 우리는 이들의 노고에 기대어 살아간다.

올해 1월부터 교회에서 유아부 선생님으로 봉사하기 시작하면서 나 역시 이러한 노고를 조금 더 가까이에서 느끼게 되었다. 처음에는 보조 교사로서 큰 부담 없이 교회에 조금 일찍 가는 것뿐이었지만, 이번 여름성경학교에서 몇 가지 역할을 맡으며 보이지 않는 곳에서 이루어지는 많은 준비와 노력을 깊이 체감했다.

행사를 준비하는 과정에서 선생님들은 사전 기획부터 시작해, 어떤 주제를 다루고 어떤 활동을 진행할지에 대한 회의를 거듭했다. 각자의 의견을 조율하며 최선의 결정을 내리기 위해 많은 시간을 투자했다. 특히 다양한 연령대의 아이들이 만족할 수 있도록 세심한 배려와 다양한 프로그램 구성이 필요했다. 그 과정 속에서 나는 작은 일 하나에도 많은 사람들이 협력하고 헌신해야 한다는 사실을 깨달았다.

행사 준비 과정에서는 예상치 못한 문제들도 발생했다. 필요한 물품을 체크리스트로 만들어 하나하나 준비했지만, 제때 도착하지 않는 물품도 있었고 준비가 부족한 상황도 있었다. 그럴 때마다 서로의 도움을 받거나 긴급하게 대체 물품을 구하는 등 해결책을 찾아야 했다.

아이들을 돌보는 일도 중요한 부분이었다. 아이들의 성향과 필요를 파악하고 그에 맞는 케어를 제공하는 것은 쉬운 일이 아니었다. 아이들이 즐겁고 안전하게 프로그램에 참여할 수 있도록 지속적인 관리도 필요했다.

여름성경학교에서의 경험은 내가 미처 알지 못했던 깨달음을 주었다. 우리가 평소 누리는 많은 것들 뒤에는 보이지 않는 곳에서 묵묵히 헌신하는

일상을 바꾸면 인생이 바뀐다

사람들이 있다는 사실이었다. 그들의 수고를 알아보고 감사하는 마음을 가질 때, 우리의 삶은 더 풍요로워질 수 있다.

이번 여름성경학교를 통해 모든 일이 순조롭게 진행되기까지 얼마나 많은 사람들의 보이지 않는 노력이 필요한지 알게 되었다. 참가자로 있을 때는 느끼지 못했던 것들이다. 우리 일상도 마찬가지다. 우리가 편안하게 하루를 보낼 수 있는 이유는 어딘가에서 누군가가 애쓰고 있기 때문이다. 이 사실을 깨닫고 나니, 익숙하게 느껴졌던 하루하루가 새롭게 다가왔다.

수고의 흔적을 찾다

우리가 누리는 일상의 편안함 뒤에는 항상 보이지 않는 수고가 숨어 있다. 깨끗하게 정돈된 거리를 걷고, 정시에 도착하는 지하철을 타며, 필요한 물건을 쉽게 구할 수 있는 상점을 이용하는 평범한 일상 속에도 수많은 사람들의 보이지 않는 노고가 담겨 있다. 거리의 청소부, 지하철 운행을 책임지는 직원들, 가게를 운영하는 상인들까지 모두가 함께 누군가를 위해 수고하고 있다.

우리는 일상에서 마주하는 소소한 것들을 당연하게 여기며, 그 뒤에 있는 노력과 수고를 잊고 지낸다. 하지만 이러한 보이지 않는 수고를 알아채고 감사하는 마음을 갖게 된다면 우리의 삶은 더 따뜻해질 것이다. 그저 평범해 보였던 하루도 특별하게 다가오고, 소소한 순간조차 더 큰 의미로 느껴질 것이다.

삶의 곳곳에 스며든 누군가의 수고를 알아채는 것, 그리고 그것에 감사하는 마음을 갖는 것만으로도 우리는 더 나은 삶을 만들어갈 수 있다. 우리가 보지 못했던 작은 노력들이 모여 더 큰 가치를 만들어 낸다는 사실을 깨닫게 된다면 이 세상은 더 살기 좋은 곳으로 변할 것이다. 보이지 않는 수고를 알아보고, 그에 대한 감사를 잊지 않는 것이야말로 더 나은 내일을 향해 나아가는 길이다.

우리가 일상 속에서 보이지 않는 노력에 감사할 때, 평범한 하루가 더 큰 의미를 갖게 된다. 무심코 지나쳤던 일들도 누군가의 수고가 담겨 있다는 걸 알게 되면 그 순간부터 우리의 시선이 달라진다. 작은 감사가 쌓여 삶을 더 풍요롭게 만들고, 앞으로 나아갈 힘이 되어 준다. 지금 이 순간, 우리가 누리고 있는 모든 것에 고마움을 느끼는 것. 그것이 더 나은 삶을 향한 시작이다.

일상을 바꾸면 인생이 바뀐다

지난 몇 년간 제가 겪어온 변화와 깨달음을 여러분과 나눌 수 있어 감사한 마음입니다. 더 나은 내가 되기 위해, 더 나은 삶을 살기 위해 많은 노력을 기울여왔습니다. 유명한 책들을 읽고, 검증된 수많은 방법들을 제 삶에 적용해 보았습니다. 그 안에서 배운 내용을 단순한 지식으로 남기지 않고 하나씩 실천해 나가며 작은 변화를 만들어 갔습니다. 그렇게 작은 실천들이 쌓이면서 삶의 변화를 느낄 수 있었습니다.

하지만 그 변화가 일시적인 것이 아니라 지속 가능한 것이 되기 위해서는 꾸준한 노력이 필요하다는 것을 깨달았습니다. 한 번의 깨달음이나 책 한 권이 우리의 인생을 완전히 바꾸지는 않습니다. 중요한 것은 그 깨달음을 어떻게 꾸준히 실천하고, 그것을 제 일상 속에 자리 잡게 만드느냐에 달려 있습니다. 이것이 결국 제 삶에서 가장 큰 교훈이 되었습니다.

처음부터 완벽하게 하려고 하기보다는 지금 할 수 있는 작은 변화에 집중하는 것이 필요합니다. 하루에 1%라도 나아지겠다는 마음으로 한 걸음씩 나아가는 것이 중요합니다. 그 작은 걸음들이 쌓이면 어느 순간 여러분의 삶은 눈에 띄게 달라져 있을 것입니다. 인생은 단기간에 변하지 않습니다. 오랜 시간 동안 꾸준히 나아가며, 넘어질 때도 다시 일어서는 의지가 결국 우리의 삶을 변화시키는 힘이 됩니다.

이 과정에서 실패와 좌절은 자연스러운 일입니다. 성공한 사람들조차 수많은 실패를 겪었고, 그 실패 속에서 배우며 더 나은 자신을 만들어왔습니다. 그러니 여러분도 지금 어떤 어려움을 겪고 있다면 그것을 성장의 과정으로 받아들이는 것이 중요합니다. 성공이란 결국 끊임없는 시도와 실천의 결과이기 때문입니다.

제가 이 책을 쓴 이유는 여러분과 함께 작은 실천의 힘을 나누고 싶었기 때문입니다. 저처럼 평범한 사람들이 일상 속에서 실천할 수 있는 작은 변화들이 어떻게 더 나은 삶으로 이어질 수 있는지를 전하고 싶었습니다. 저역시 매일 조금씩 어제보다 나아지기 위해 꾸준히 노력하고 있습니다. 중요한 것은 '완벽함'이 아니라 '꾸준함'입니다.

그리고 이 꾸준함을 바탕으로 저는 현재의 순간을 더 소중히 여기며 살아가고 있습니다. 일상에서 감사함을 느끼고, 그 감사함이 우리의 삶을 더 풍요롭게 만들어 준다고 믿고 있습니다. 그래서 무언가를 빨리 이루려 하기보다는 그 과정에서 느끼는 소소한 행복과 기쁨을 즐기며 살아가려고 합니다.

일상을 바꾸면 인생이 바뀐다

여러분도 이 책을 통해 여러분만의 속도로, 여러분만의 방식으로 삶을 변화시키길 바랍니다. 매일의 작은 실천들이 여러분의 삶에 긍정적인 변화를 가져오길 진심으로 바랍니다. 그리고 그 과정에서 겪는 좌절이나 실패마저도 결국 더 나은 나를 만들어 가는 중요한 과정임을 기억해 주세요. 중요한 것은 결코 포기하지 않는 것입니다. 꾸준히 나아가다 보면 분명 더 나은 자신을 만나게 될 것입니다.

제가 이 책에서 나눈 작은 실천들이 여러분에게도 도움이 되기를 진심으로 바랍니다. 그리고 여러분이 매일 조금씩 더 나은 삶을 만들어 가면서, 그 과정에서 느끼는 작은 행복이 쌓여 더 큰 행복으로 이어지길 바랍니다. 삶은 속도가 아니라 방향입니다. 방향을 잃지 않고 한 걸음씩 나아가면 여러분의 삶도 분명 더 나아질 것입니다. 이 책이 여러분의 삶에 작은 영감과 동기부여가 되길 바라며, 일상을 바꾸면 인생이 바뀌는 놀라운 변화가 찾아올 것이라고 믿습니다.

마지막으로, 언제나 저를 이해해 주고 응원해 주는 사랑하는 아내와 아들에게 깊은 감사를 전합니다.